REFLEXIONS

OV

SENTENCES

ET

MAXIMES

MORALES.

A PARIS,

Chez CLAVDE BARBIN, vis à vis
le Portail de la Sainte Chapelle,
au figne de la Croix.

M. DC. LXV.
AVEC PRIVILEGE DV ROY.

ADVIS
AV LECTEVR.

Oicy vn Portrait du cœur de l'homme que ie donne au public, sous le Nom de Reflexions ou Maximes Morales. Il court fortune de ne plaire pas à tout le monde, parce qu'on trouuera peut-estre qu'il ressemble trop, & qu'il ne flate pas assez : Il y a aparence que l'intention du Peintre n'a iamais esté de faire parroistre cét ouurage, & qu'il seroit encore r'enfermé dans son cabinet si vne méchante copie qui en a couru, & qui

AV LECTEVR.

a passé même depuis quelque temps
en Hollande, n'auoit obligé vn de
ses Amis de m'en donner vne autre,
qu'il dit estre tout à fait conforme à
l'Original; Mais toute correcte qu'elle
est, possible n'éuitera-t-elle pas la cen-
sure de certaines Personnes qui ne
peuuent souffrir que l'on se mesle de
penetrer dans le fonds de leur cœur,
& qui croyent estre en droit d'empescher que les autres les connoissent,
parce qu'elles ne veulent pas se connoistre elles-mêmes. Il est vray que
comme ces Maximes sont remplies
de ces sortes de veritez dont l'orgueil humain ne se peut accommo-
der, il est presque impossible qu'il
ne se souleue contre-elles, &
qu'elles ne s'atirent des Censeurs.
Aussi est-ce pour eux que ie mets
icy vne Lettre que l'on m'a donnée,
qui a esté faite depuis que le ma-
nuscrit a paru, & dans le temps

que chacun se mesloit d'en dire son
auis, elle m'a semblé assez propre
pour répōdre aux principales dificul-
tez que l'on peut opposer aux Reflexions, & pour expliquer les sentimens de leur Auteur: Elle suffit pour
faire voir que ce qu'elles contiennent
n'est autre chose que l'abregé d'vne
Morale conforme aux pensées de plusieurs Peres de l'Eglise, & que celuy qui les a escrites a eu beaucoup de
raison de croire qu'il ne pouuoit s'e-
garer en suiuant de si bons guides,
& qu'il luy estoit permis de parler
de l'Homme comme les Peres en
ont parlé ; Mais si le respect qui
leur est deu n'est pas capable de retenir le chagrin des Critiques, s'ils
ne font point de scrupule de con-
damner l'opinion de ces grands
Hommes en condamnant ce Liure;
Ie prie le Lecteur de ne les pas
imiter, de ne laisser point en-

traisner son esprit au premier mouuement de son cœur, & de donner
ordre s'il est possible que l'Amour
propre ne se mesle point dans le
iugement qu'il en fera, car
s'il le consulte, il ne faut pas
s'attendre qu'il puisse estre fauo-
rable à ces Maximes; comme elles
traittent l'Amour propre de cor-
rupteur de la raison: Il ne manquera
pas de preuenir l'esprit contre elles.
Il faut donc prendre garde que
cette preuention ne les iustifie, &
se persuader qu'il n'y a rien de plus
propre a establir la verité de ces Reflexions que la chaleur & la subtilité que l'on temoignera pour les
combattre. En effet, il sera difficile de faire croire à tout homme de bon sens, que l'on les condamne par d'autre motif que par
celuy de l'interest caché, de l'orgueil
& de l'amour propre : En vn mot,

AV LECTEVR.

Le meilleur party que le Lecteur ait à
prendre, est de se mettre d'abord dans
l'esprit, qu'il n'y a aucune de ces
Maximes qui le regarde en particulier, & qu'il en est seul excepté, bien
qu'elles paroissent generales. Apres
cela ie luy répond, qu'il sera le premier à y souscrire, & qu'il croira
qu'elles font encore grace au cœur
humain. Voila ce que i'auois à dire sur cét escrit en general, pour ce
qui est de la methode que l'on y eust
peu observer, ie croy qu'il eust esté
à desirer que chaque Maxime eût
eu vn tiltre du sujet quelle traite, &
qu'elles eussent esté mises dans vn
plus grand ordre, mais ie ne l'ay pû
faire sans renuerser entierement celuy de la copie qu'on ma donnée, &
comme il y a plusieurs Maximes
sur vne même matiere, ceux à qui
i'en ay demandé auis, ont iugé qu'il
ã. v

AV LECTEVR.

estoit plus expedient de faire vne
table à laquelle on aura recours pour
trouuer celles qui traittent d'vne
méme chose.

DISCOVRS

SVR

LES REFLEXIONS

OV SENTENCES

ET

MAXIMES MORALES

MONSIEVR,

Ie ne sçaurois vous dire
au vray si les Reflexions

Moralles font de M✳✳✳·
quoy qu'elles foient écrites d'vne maniere qui femble aprocher de la fienne :
Mais en ces occafions là
ie me deffie prefque toû-
jours de l'opinion publi-
que, & c'eft affez qu'elle
luy en aye fait vn prefent
pour me donner vne iufte
raifon de n'en rien croire.
Voila de bonne foy tout ce
que ie puis vous répondre
fur la premiere chofe que
vous me demandez. Et pour
l'autre, fi vous n'auiez bien
du pouuoir fur moy, vous
n'en auriez guere plus de
contentement; car vn hom-
me preuenu au point que ie
le fuis, d'eftime pour cét ouurage, n'a pas toute la liberté qu'il faut pour en bien.

iuger, neantmoins puiſque vous me l'ordonnez, ie vous en diray mon auis, ſans vouloir m'ériger autrement en faiſeur de diſſertations, & ſans-y méler en aucune façõ l'intereſt de celuy que l'on croit auoir fait cét écrit. Il eſt aiſé de voir d'abord qu'il n'eſtoit pas deſtiné pour paroiſtre au iour, mais ſeulement pour la ſatisfaction d'vne perſonne qui à mon auis n'aſpire pas à la gloire d'eſtre Autheur , & ſi par hazard c'eſtoit M*** ie puis vous dire que ſa reputation eſt établie dans le monde par tant de meilleurs tiltres, qu'il n'auroit pas moins de chagrin de ſçauoir que ces *Reflexions* ſont deuenues publiques, qu'il en eut lors

que les *Memoires* qu'on luy
attribuë furent imprimez:
mais vous fçauez Monfieur,
l'épreſſement qu'il y a dás le
fiecle pour publier toutes les
nouueautés, & s'il y a moyen
de l'empefcher quand on le
voudroit, fur tout celles qui
courent fous des noms qui
les rendent recommanda-
bles. Il n'y a rien de plus vray
Môfieur, les noms fôt valoir
les chofes aupres de ceux
qui n'en fçauroient connoiftre le veritable prix; Celuy
des *Reflexions* eft connu de
peu de gens, quoy que plufieurs fe foient meflez d'en
dire leur auis. Pour moy, ie
ne me pique pas d'eftre aſſez
delicat & aſſez habile pour
en bien iuger; ie dis habile
& delicat, parce que ie tiens

qu'il faut eſtre pour cela
l'vn & l'autre ; & quand ie
me pourrois flater de l'eſtre,
ie m'imagine que i'y trou-
uerois peu de choſes à changer : I'y rencontre par tout
de la force, & de la pene-
tration, des penſées eleuées
& hardies, le tour de l'ex-
preſſion noble , & accom-
pagné d'vn certain air de
qualité qui n'apartient pas à
tous ceux qui ſe meſlent d'é-
crire. Ie demeure d'accord
qu'on n'y trouuera pas tout
l'ordre ny tout l'art que l'on
y pouroit ſouhaiter, & qu'vn
ſçauant qui auroit vn plus
grand loiſir, y auroit pu
metre plus d'arangement :
mais vn homme qui n'écrit
que pour ſoy, & pour de-
laſſer ſon eſprit, qui écrit

Discovrs svr

les chofes à mefure qu'elles
luy viennent dans la pen-
fée, n'afecte pas tant de fuiure les regles que celuy qui
écrit de profeſſion, qui s'en
fait vne affaire, & qui fonge
à s'en faire honneur; ce de-
fordre neantmoins a fes graces, & des graces que l'Art
ne peut imiter. Ie ne fçay
pas fi vous eftes de mon
gouft, mais quand les fça-
uans m'en deuroient vou-
loir du mal, ie ne puis m'empefcher de dire, que ie pre-
fereray toute ma vie la maniere d'écrire negligée d'vn
Courtifan qui a de l'efprit,
à la regularité gefnée d'vn
Docteur qui n'a iamais rien

Dicta fa- veu que fes Liures. *Plus ce*
ctaque *qu'il dit & ce qu'il écrit paroiſt*
eius quã- *aisé & dans vn certain air*
to folutio-

d'vn homme, qui se neglige, plus cette negligence qui cache l'art sous vne expression simple & naturelle, luy donne d'agréement. C'est de Tacite que ie tiens cecy, ie vous mets à la marge le passage Latin, que vous lirez si vous en auez enuie, & i'en vseray de méme de tous ceux dont ie me souuiendray n'estant pas asseuré si vous aymez cette Langue, qui n'entre gueres dans le commerce du grand monde, quoy que ie sçache que vous l'entendez parfaitement. N'est-il pas vray Monsieur, que cette iustesse recherchée auec trop d'estude, a toûjours vn ie ne sçay quoy de contraint qui donne du degoust : & qu'on ne trouue iamais dans

ra & quãdam sui negligentiam praferentia, tanto gratius in speciem simplicitatis acsi- picbãtur.

Tacit.
ann. l.16.

les ouurages de ces gens
esclaues des regles , ces
beautez où l'Art se déguise
sous les aparences du na-
turel; ce don d'écrire facilement & noblement; Enfin
ce que le Tasse a dit du Palais d'Armide ,

Tass.
Cant. 17.

Stimi (si misto il culto é col
   negletto)
Sol naturali gliornamenti e i
   siti
Di natura arte par, che per
   diletto
L'imitatrice sua scherzando
   imiti.

Voila comme vn Poëte
François l'a pensé aprés
luy :

L'artifice n'a point de part

LES REFLEXIONS.
Dans cette admirable stru-
&ture,
La Nature en formant tous
les traits au hazard,
Sçait si bien imiter la iustesse
de l'Art,
Que l'œil trompé d'vne douce
imposture,
Croit que c'est l'Art qui suit
l'ordre de la Nature.

Voila ce que ie pense de
l'Ouurage en general : mais
ie voy bien que ce n'est pas
assez pour vous satisfaire,
& que vous voulez que ie
réponde plus precisément
aux difficultés que vous me
dites que l'on vous a faites.
il me semble que la pre-
miere est celle-cy ; *Que les*
Reflexions détruisent toutes les
virtus. On peut dire à cela

que l'intention de celuy qui
les a écrites paroiſt fort é-
loignée de les vouloir détruire; il pretend ſeulement
faire voir qu'il n'y en a preſque point de pures dans le
monde, & que dans la pluſpart de nos actions il y a vn
meſlange d'erreur, & de verité, de perfection, & d'imperfection, de vice, & de
vertu; il regarde le cœur de
l'homme corrompu, atta-
qué de l'orgueil, & de l'a-
mour propre, & enuiron-
né de mauuais exemples
comme le Commandant
d'vne Ville aſſiegée à qui
l'argent a manqué, il fait
de la monnoye de cuir, &
de carton ; Cette monoye
a la figure de la bonne, on
la debite pour le meſme

Epictet.
apud Ar-
rian.

prix , mais ce n'eſt que la miſere, & le beſoin, qui luy donnent cours parmy les aſſiegez : De même la pluſpart des actions des hommes que le monde prend pour des vertus , n'en ont bien ſouuent que l'image & la reſſemblance ; Elles ne laiſſent pas neantmoins d'auoir leur merite,& d'eſtre dignes en quelque ſorte de noſtre eſtime ; eſtant tresdifficile d'en auoir humainement de meilleures. Mais quand il ſeroit vray qu'il croiroit qu'il n'y en auroit aucune de veritable dans l'homme, en le conſiderant dans vn eſtat purement naturel , il ne ſeroit pas le premier qui auroit eu cette opinion. Si ie ne craignois

pas de m'eriger trop en Docteur, ie vous citerois bien
des Auteurs, & même des
Peres de l'Eglise, & de
grands Saints, qui ont
pensé que l'amour propre
& l'orgueil, estoient l'ame
des plus belles actions des
Payens. Ie vous ferois voir
que quelques-vns d'étr'eux
n'ont pas méme pardonné à
la chasteté de Lucrece, que
tout le mõ de auoit creu ver-
tueuse, iusqu'à ce qu'ils eussent découuert la fausseté
de cette vertu qui auoit
produit la liberté de Rome,
& qui s'estoit atiré l'admiration de tant de Siecles.
Pensez-vous Monsieur, que
Seneque qui faisoit aller
son Sage de pair auec les
Dieux, fust veritablement

sage luy-mesme, & qu'il fust bien persuadé de ce qu'il vouloit persuader aux autres? *Son orgueil n'a pû l'empescher de dire quelquefois, qu'on n'auoit point vû dans le monde d'exemple de l'Idée qu'il proposoit, qu'il estoit impossible de trouuer vne vertu si acheuée parmy les hommes, & que le plus parfait d'entr'eux estoit celuy qui auoit le moins de defauts. Il demeure d'acord que l'on peut reprocher à Socrate d'auoir eu quelques amitiez suspectes, à Platon, & Aristote, d'auoir esté auares; à Epicure prodigue & voluptueux;* mais il s'écrie en mesme temps, que *nous serions trop heureux d'estre paruenus à sçauoir imiter leurs vices.* Ce Philosophe auroit

Ionë plus non posse quä borü virum, Senec. Ep. lxxxiii. *Deus non vincit sapientem fœlicitate etiam si vincit ætate,* Senec. ibid. *Vbi enim illü inuenies quem tot seculis querimus sapientë, pro optimo est minime malus.* Senec. de tranq. *Obijcite Platoni*

quod petierit pecuniam, Aristoteli quod acceperit, Epicuro quod consompserit, Socrati Alcibiadē & Phædrū objectāte. O *vos vsu maxime fœlices, cū primū vobis imitari vitia nostra cōtigerit.* Senec. de vit. beat.

eu raison d'en dire autāt des siens, car on ne seroit pas trop mal-heureux de pouuoir ioüir comme il a fait de toute sorte de biens, d'honneurs, & de plaisirs, en affectant de les mépriser, de se voir le maistre de l'Empire, & de l'Empereur, & l'amant de l'Imperatrice en même temps, d'auoir de superbes Palais, des iardins delicieux, & de prescher aussi à son aise qu'il faisoit la moderation, & la pauureté, au milieu de l'abondance, & des richesses.

Pensez-vous, Monsieur, que ce Stoïcien qui contrefaisoit si bien le maistre de ses passions, eust d'autres vertus que celles de bien cacher ses vices, & qu'en

se

se faisant couper les veines, il ne se repentit pas plus d'vne fois, d'auoir laissé à son Disciple le pouuoir de le faire mourir ? regardez vn peu de prés ce faux braue, vous verrez qu'en faisant de beaux raisonnemens sur l'immortalité de l'ame, il cherche à s'étourdir sur la crainte de la mort, il ramasse toutes ses forces pour faire bonne mine, il se mord la langue, de peur de dire que la douleur est vn mal, il pretend que la raison peut rendre l'homme impassible, & au lieu d'abaisser son orgueil il le releue au dessus de la Diuinité. Il nous auroit bien plus obligez de nous auoüer franchement ses foiblesses & la corruptió

Sen cum aboriatur tanquam ingentes & supra priuatum modū eue. Has opes adhuc augeret, quodque studia ciuium in se verteret, hortorum quoque amœnitate & villar magnificetia quasi principem supergrederetur. Tacit. annal. b. XIV.

Sapientē si in Phalaridis tauro

é

perura-
tur, extla-
maturum
dulce eft,
& ad me
nil atti-
net.
Epic.
apud Se-
nec.

du cœur humain , que de prendre tant de peine à nous tromper ; L'Auteur *des Reflexions* n'en fait pas de même , il expofe au iour toutes les miferes de l'homme , mais c'eft de l'homme abandonné à fa conduite qu'il parle , & non pas du Chreftien; Il fait voir que malgré tous les efforts de fa raifon, l'orgueil & l'amour propre ne laiffent pas de fe cacher dans les replis de fon cœur, d'y viure & d'y conferuer affez de forces pour répandre leur venin fans qu'il s'en apperçoiue dans la plufpart de fes mouuemens.

La feconde difficulté que l'on vous a faite & qui a beaucoup de rapport à la premiere, eſt que *les Re-flexions paſſent dans le monde pour des ſubtilitez d'vn Cenſeur qui prend en mauuaiſe part les actions les plus indiferentes, plûtoſt que pour des veritez ſolides.* Vous me dites que quelques vns de vos amis vous ont aſſeuré de bonne foy, qu'ils ſçauoient par leur propre experience, que l'on fait quelquefois le bien, ſans auoir d'autre veuë que celle du bien, & ſouuent même ſans en auoir aucune, ny pour le bien, ny pour le mal, mais par vne droiture naturelle du cœur, qui le porte ſans y penſer vers ce qui eſt bon. Ie voudrois qu'ilme fût permis de croire ces gens-là ſur leur parole, & qu'il fût vray que la nature humaine n'eût que des mouuemens raisonnables, & que toutes nos actions fussent naturellement vertueuses : Mais, Monsieur, comment acorderons nous le témoignage de vos amis, auec les sentimens des mêmes Peres de l'Eglise, qui ont assuré, *Que toutes nos vertus sans le secours de la Foy, n'estoient que des imperfections ; que nostre volonté estoit née aueugle, que ses desirs estoient aueugles, sa conduite encore plus aueugle, & qu'il ne falloit pas s'estonner si parmy tant d'aueuglement, l'homme estoit dans vn égarament continuel ;* Ils en ont parlé encore plus fortement, car ils ont dit qu'en cét estat ; *La Prudence de l'homme ne penetroit dans*

l'auenir , & n'ordonnoit rien
que par raport à l'orgueil ; que
sa temperance ne moderoit aucun
excés que celuy que l'orgueil a-
uoit condamné , que sa constance
ne se soutenoit dans les malheurs
qu'autant qu'elle estoit soutenuë
par l'orgueil : & enfin que toutes ses vertus auec cét éclat exterieur de merite qui les faisoit ad-
mirer , n'auoient pour but que
cette admiration , l'amour d'vne
vaine gloire , & l'interest de
l'orgueil. On trouueroit vn
nombre presque infiny d'au-
toritez sur cette opinion ,
mais si ie m'engageois à
vous les citer regulierement
i'en aurois vn peu plus de
peine, & vous n'en auriez
pas plus de plaisir. Ie pense donc que le meilleur
pour vous & pour moy, sera

de vous en faire voir l'a-
bregé dans six Vers d'vn
excellent Poëte de noſtre
temps.

Brebeuf.
Entr. Sol.

Si le iour de la Foy n'éclaire
    la raiſon,
Noſtre gouſt depraué tourne
    tout en poiſon,
Toujours de nôtre orgueil la
    ſubtile impoſture
Au bien qu'il ſemble aimer
    fait changer de nature,
Et dans le propre amour dont
    l'homme eſt reueſtu,
Il ſe rend criminel même par
    ſa vertu.

S'il faut neantmoins de-
meurer d'accord que vos
amis ont le don de cette
Foy viue qui redreſſe toutes les mauuaiſes inclina-

tions de l'Amour pro-
pre, si Dieu leur fait des
graces extraordinaires, s'il
les sanctifie dés ce monde,
ie souscris de bon cœur à
leur canonisation, & ie leur
declare que les *Reflexions*
Moralles ne les regardent
point : Il n'y a pas appa-
rance que celuy qui les a
écrites en veule à la vertu des Saints, il ne s'adresse,
comme ie vous ay dit qu'à
l'homme corrompu : il soû-
tient qu'il fait presque toûjours du mal quand son a-
mour propre le flatte qu'il
fait le bien, & qu'il se trompe souuent lors qu'il veut
iuger de luy-mesme, parce
que la Nature ne se declare
pas en luy sincerement des
motifs qui le font agir:Dans

é iiij.

cét eftat mal-heureux, où
l'orgueil eft l'ame de tous
fes mouuemens, les Saints
mefmes font les premiers à
luy declarer la guerre, & le
traittent plus mal fans com-
paraifon que ne fait l'Autheur des Reflexions : S'il
vous prend quelque iour enuie de voir les paffages que
i'ay trouués dans leurs Ef-
crits fur ce fujet, vous ferez
auffi perfuadé que ie le fuis
de cettè verité ; mais ie vous
fuplie de vous contenter à
prefent de ces Vers, qui
vous expliqueront vne partie de ce qu'ils en ont penfé.

Brebeuf
Entr. Sol.

Le defir des honneurs , des
biens, & des delices ,
Produit feul fes vertus , com-
me il produit fes vices,
Et l'aueugle intereft qui re-

gne dans son cœur,
V a d'objet en objet, & d'er-
reur en erreur,
Le nombre de ses maux s'a-
croist par leur remede,
Au mal qui se guerit vn au-
tre mal succede.
Au gré de ce Tyran dont l'em-
pire est caché,
Vn peché se destruit par vn
autre peché.

Montagne que i'ay quel-
que scrupule de vous citer
apres des Peres de l'Eglise,
dit assez heureusement sur
ce mesme sujet : que son
ame a deux visages diffe-
rens, qu'elle a beau se re-
plier sur elle-mesme, elle
n'aperçoit iamais que celuy
que l'amour propre a de-
guisé, pendant que l'autre
se découure par ceux qui
é v.

n'ont point de part à ce dé-
guisement. Si i'osois enche-
rir sur vne metaphore si
hardie, ie dirois que l'ame
de l'homme corrompu est
faite comme ces Medailles
qui representent la figure
d'vn Saint, & celle d'vn
Demon dans vne seule fa-
ce, & par les mesmes traits:
Il n'y a que la diverse situa-
tion de ceux qui la regardent, qui change l'objet,
l'vn void le Saint, & l'autre void le Demon. Ces
comparaisons nous font assez comprendre que quand
l'amour propre a seduit le
cœur, l'orgueil aueugle tel-
lement la raison, & répand
tant d'obscurité dans toutes
ses connoissances, qu'elle
ne peut iuger du moindre.

de nos mouuemens, ny former d'elle-mesme aucun discours asseuré pour nostre conduite. *Les hommes*, dit Horace, *sont sur la terre comme vne troupe de voyageurs, que la nuit a surpris en passant dans vne forest : Ils marchent sur la foy d'vn guide qui les esgare aussi-tost, ou par malice, ou par ignorance, chacun d'eux se met en peine de retrouuer le chemin, ils prennent tous diuerses routes, & chacun croit suiure la bonne, plus il le croit & plus ils s'en escarte ; mais quoy que leurs egaremens soient differens, ils n'ont pourtant qu'vne mesme cause ; c'est le guide qui les a trompez, & l'obscurité de la nuit qui les empesche de se redresser.* Peut-on mieux dépeindre l'aueuglement & les inquietudes

Velut sil-
uis ubi
passim
Palantes:
error cer-
to dē tra-
mite pel-
lit. Ille
sinistror-
sum, hic
dextror-
sum abit.
vnus v-
trique er-
ror, sed
varijs il-
luditpar-
tibus.

Horat.
Serm. 2.
l. Sat. 3.

de l'homme abandonné à
ſa propre conduite, qui n'é-
coute que les conſeils de
ſon orgueil, qui croit aller
naturellement droit au bié,
& qui s'imagine toûjours
que le dernier qu'il recher-
che eſt le meilleur. N'eſt-il
pas vray, que dans le temps
qu'il ſe flatte de faire des a-
ctions vertueuſes, c'eſt a-
lors que l'égarement de ſon
cœur eſt plus dangereux. Il
y a vn ſi grand nombre de
roües qui compoſent le
mouuement de cét Horlo-
ge, & le principe en eſt ſi
caché, qu'encore que nous
voyions ce que marque la
montre, nous ne ſçauons
pas quel eſt le reſſort qui
conduit l'éguille ſur toutes
les heures du Cadran.

La troisiéme difficulté que i'ay à resoudre, est que *beaucoup de personnes trouuent de l'obscurité dans le sens, & dans l'expression de ces Reflexions.* L'obscurité, comme vous sçauez Monsieur, ne vient pas toûjours de la faute de celuy qui escrit ; Les *Reflexions,* ou si vous voulez les *Maximes & les Sentences,* comme le monde a nommées celles - cy, doiuent estre escrites dans vn stile serré, qui ne permet pas de donner aux choses toute la clarté qui seroit à desirer, ce sont les premiers traits du Tableau : les yeux habiles y remarquent bien toute la finesse de l'art, & la beauté de la pensée du Peintre ; mais cette beauté n'est pas faite pour tout le monde, & quoy que ces traits ne ſoient point remplis de couleurs, ils n'en ſont pas moins des coups de Maiſtre. Il faut donc ſe donner le loiſir de penetrer le ſens & la force des paroles, il faut que l'eſprit parcoure toute l'eſtenduë de leur ſignification auant que de ſe repoſer pour en former le iugement.

La quatriéme difficulté eſt, ce me ſemble, que *les Maximes ſont preſque par tout trop generales.* On vous a dit *qu'il eſt injuſte d'eſtendre ſur tout le genre humain des defauts qui ne ſe trouuent qu'en quelques hommes.* Ie ſçay outré ce que vous me mandez des differens ſentimens que

vous en auez entendus, ce-
que l'on opose d'ordinaire à
ceux qui découurent & qui
condamnent les vices : On
appelle leur Cenfure le Portrait du Peintre, on dit qu'ils
font comme les malades de
là iauniffe, qu'ils voyent
tout iaune, parce qu'ils le
font eux-mefmes. Mais s'il
eftoit vray que pour cenfu-
rer la corruption du cœur
en general, il falluft la ref-
fentir en particulier plus
qu'vn autre, il faudroit auffi
demeurer d'acord que ces
Philofophes dont Diogene
de Laerce nous raporte les
fentences, eftoient les hommes les plus corrompus de
leur fiecle, il faudroit faire
le procés à la memoire de
Caton, & croire que c'étoit

le plus méchant homme de
la Republique, parce qu'il
cenſuroit les vices de Rome:
ſi cela eſt Monſieur, ie ne
penſe pas que l'Auteur des
Reflexions quel qu'il puiſſe
eſtre, trouue rien à redire
au chagrin de ceux qui le
condamneront, quand a la
Religion prés on ne le croira pas plus homme de bien,
ny plus ſage que Caton. Ie
diray encore pour ce qui regarde les termes que l'on
trouue trop generaux, qu'il
eſt difficile de les reſtrain-
dre dans les Sentences ſans
leur oſter tout le ſel, & toute
la force; il me ſemble outre
cela, que l'vſage nous fait
voir que ſous des expreſ-
ſions generales l'eſprit ne
laiſſe pas de ſousentendre

de luy-méme des reftri-
ctions : par exemple quand
on dit, *tout Paris fut au de-*
nant du Roy, toute la Cour eſt
dans la ioye, ces façons de
parler ne ſignifient neantmoins que la plus grande
partie. Si vous croyez que
ces raiſons ne ſuffiſent pas
pour fermer la bouche aux
Critiques, ajoûtons y que
quand on ſe ſcandaliſe ſi
aiſément des termes d'vne
cenſure generale, c'eſt à
cauſe qu'elle nous picque
trop viuement dans l'en-
droit le plus ſenſible du
cœur.

Neantmoins il eſt certain
que nous connoiſſons vous
& moy bien des gens qui ne
ſe ſcandaliſent pas de celle
des *Reflexions*, i'entends de-

DISCOVRS SVR
ceux qui ont l'hypocrifie en
auerfion, & qui auoüent de
bonne foy ce qu'ils fentent
en eux-mémes, & ce qu'ils
remarquent dans les autres.
Mais peu de gens font ca-
pables d'y penfer, ou s'en
veulent donner la peine, &
fi par hazard ils y penfent, ce
n'eft iamais fans fe flatter.
Souuenez - vous s'il vous
plaift de la maniere dont noftre amy Guarini traite ces
gens-là.

Guarini
Paft. fid.
Act. 1.
Scena. 1.
Homo sŭ
humani
nihil à me
alienum
Heauto-
nt. act. 1.
Sec. 1.
Terent.

Huomo fono, e mi preggio
d'effer humano,
E teco che fei huomo
E ch, àltro effer non puoi,
Come huomo parlo di cofa hu-
mana,
E fe di cotal nome forfe ti-
fdegni;
Guarda Garzon fuperbo.

Che nel dishumanarti,
Non diuenghi vna fiera, an-
zi chun dio.

Voila Monsieur, comme
il faut parler de l'orgueil de
la nature humaine , & au
lieu de se facher contre le
miroir qui nous fait voir
nos defauts , au lieu de
sçauoir mauuais gré à ceux
qui nous les découurent, ne
vaudroit-il pas mieux nous
seruir des lumieres qu'il
nous donnent pour connoi-
stre l'amour propre & l'orgueil, & pour nous garentir
des surprises continuelles
qu'ils font à nostre raison ?
Peut-on iamais dõner assez
d'auersion pour ces deux
vices qui furent les causes
funestes de la reuolte de

noſtre premier Pere? ny trop
deſcrier ces ſources mal-
heureuſes de toutes nos miſeres.

Que les autres prennent
donc comme ils voudront
les *Reflexions Morales*, pour
moy ie les conſidere com-
me peinture ingenieuſe de
toutes les ſingeries du faux
Sage, il me ſemble que
dans chaque trait *l'amour*
de la verité luy oſte le maſque,
& le monſtre tel qu'il eſt. Ie les
regarde comme des Leçons
d'vn Maiſtre qui entend
parfaitement l'Art de connoiſtre les hommes, qui de-
meſle admirablement bien
tous les rôlles qu'ils ioüent
dans le monde, & qui non
ſeulemét nous fait prendre
garde aux diferens caracte-

res des persónages du Thea
tre. Mais encore, qui nous
fait voir en leuant vn coin
du rideau, que cét Amant,
& ce Roy de la Comedie,
font les mefmes Acteurs
qui font le Docteur, & le
Boufon dans la farce. Ie
vous auoüe que ie n'ay rien
leu de noftre temps qui
m'ait donné plus de mé-
pris pour l'homme, & plus
de honte de ma propre va-
nité. Ie penfe toûjours trouuer à l'ouuerture du Liure
quelque reffemblance aux
mouuemens fecrets de mon
cœur, ie me tafte moy-
mćme pour examiner s'il
dit vray, & ie trouue qu'il
le dit prefque toûjours &
de moy & des autres plus
qu'on ne voudroit; D'a-
bord i'en ay quelque dépit,

ie rougis quelquefois de
voir qu'il ait deuiné, mais
ie ſens bien à force de le
lire, que ſi ie n'aprends à
deuenir plus ſage, i'aprens
au moins à connoiſtre que
ie ne le ſuis pas, i'aprends
enfin par l'opinion qu'il
me donne de moy-meſme, à
ne me répandre pas ſote-
ment dans l'admiration de
toutes ces vertus dont l'é-
clat nous ſaute aux yeux : les
Hypocrites paſſent mal leur
temps à la lecture d'vn livre
comme celuy-là. Defiez-
vous donc, Monſieur, de
ceux qui vous en diront du
mal, & ſoyez aſſeuré qu'ils
n'en diſent, que parce qu'ils
ſont au deſeſpoir de voir
reueler des myſteres qu'ils
voudroient pouuoir cacher

toute leur vie aux autres &
à eux-mefmes.

En ne voulant vous faire
qu'vne lettre, ie me fuis en-
gagé infenfiblement à vous
écrire vn grand difcours,
apellez le comme vous vou-
drez, ou difcours ou lettre,
il ne m'importe, pourvû que
vous en foyez content, &
que vous me faffiez l'honneur de me croire,

MONSIEVR,

Voftre, &c.

REFLEXIONS
MORALES.

I.

'AMOVR propre est l'amour de foy-même, & de toutes chofes pour foy ; il rend les hommes idolâtres d'eux-mefmes, & les rendroit les tyrans des autres, fi la fortune leur en donnoit les moyens ; il ne fe repofe jamais hors de foy, & ne s'arrefte dans les fujets étrangers que comme les Abeilles fur les fleurs, pour en tirer ce qui

A

luy eft propre ; Rien n'eft fi
impetueux que fes defirs, rien
de fi caché que fes deffeins,
rien de fi habile que fes con-
duites ; fes foupleffes ne fe
peuuent reprefenter, fes tranf-
formations paffent celles des
Metamorphofes, & fes rafine-
ments ceux de la Chimie : On
ne peut fonder la profondeur,
ny percer les tenebres de fes
abifmes. Là, il eft a couuert des
yeux les plus penetrans, il y
fait mille infenfibles tours &
retours ; Là, il eft fouuent
inuifible à luy-mefme, il y
conçoit, il y nourrit, & il y
éleue fans le fçauoir, vn grand
nombre d'affections & de hai-
nes ; il en forme de fi mon-
ftreufes, que lors qu'il les a
mifes au jour il les méconnoit
ou il ne peut fe refoudre à les

auoüer : de cette nuit qui le
couure naiſſent les ridicules
perſuaſions qu'il a de luy-méme, de là viennent ſes erreurs,
ſes ignorances, ſes groſſiere-
tez, & ſes niaiſeries ſur ſon ſujet ; de là vient qu'il croit que
ſes ſentimens ſont morts lors
qu'ils ne ſont qu'endormis,
qu'il s'imagine n'auoir plus enuie de courir dés qu'il ſe repo-
ſe, & qu'il penſe auoir perdu
tous les gouſts qu'il a raſſaſiez;
Mais cette obſcurité épaiſſe
qui le cache à luy - meſme,
n'empeſche pas qu'il ne voye
parfaitement ce qui eſt hors
de luy, en quoy il eſt ſembla-
ble à nos yeux qui découurent
tout, & ſont aueugles ſeulement pour eux meſmes. En
effet dans ſes plus grands intereſts, & dans ſes plus im-

portantes affaires, où la violence de ses souhaits appelle
toute son attention, il voit, il
sent, il entend, il imagine, il
soupçonne, il penetre, il deui-
ne tout ; de sorte qu'on est tenté de croire que chacune de ses
passions a vne espece de magie
qui luy est propre. Rien n'est
si intime & si fort que ses
attachemens, qu'il essaye de
rompre inutilement à la veuë
des malheurs extrémes qui le
menacent. Cependant il fait
quelquefois en peu de temps,
& sans aucun effort, ce qu'il
n'a pû faire auec tous ceux
dont il est capable dans le cours
de plusieurs années ; d'où l'on
pourroit conclure assez vray-
semblablement, que c'est par
luy-mesme que ses desirs sont
allumez, plûtost que par la

beauté, & par le merite de ſes
objets ; que ſon gouſt eſt le
prix qui les releue, & le fard
qui les embellit; que c'eſt apres
luy-meſme qu'il court, & qu'il
ſuit ſon gré, lors qu'il ſuit les
choſes qui ſont à ſon gré : il
eſt tous les contraires, il eſt
imperieux, & obeïſſant, ſincere
& diſſimulé, miſericordieux
& cruel, timide & audacieux:
il a de differentes inclinations
ſelon la diuerſité des tempe-
ramens qui le tournent, & le
déuoüent tantoſt à la gloire,
tantoſt aux richeſſes, & tantoſt aux plaiſirs ; il en change
ſelon le changement de nos
âges, de nos fortunes, & de
nos experiences : mais il luy
eſt indifferent d'en auoir plu-
ſieurs, ou de n'en auoir qu'vne,
parce qu'il ſe partage en plu-

fieurs, &, fe ramaffe en vne
quand il le faut, & comme il
luy plaift : il eft inconftant, &
outre les changemens qui viennent des caufes étrangeres, il
y en a vne infinité qui naiffent
de luy, & de fon propre fonds;
il eft inconftant, d'inconftan-
ce, de legereté, d'amour, de
nouueauté, de laffitude, &
de degouft ; il eft capricieux, &
on le voit quelquefois trauail-
ler auec le dernier empreffe-
ment, & auec des trauaux in-
croyables à obtenir des chofes qui ne luy font point auan-
tageufes, & qui mefme luy
font nuifibles, mais qu'il pour-
fuit parce qu'il les veut. Il eft
bijeare, & met fouuent toute
fon application dans les emplois les plus friuoles, il trouue tout fon plaifir dans les

plus fades, & conferue toute
fa fierté dans les plus mépri-
fables. Il eſt dans tous les eſtats
de la vie,& dans toutes les con-
ditions, il vit par tout, & il vit
de tout, il vit de rien ; il s'ac-
commode des choſes, & de
leur priuation, il paſſe meſme
dans le party des gens qui luy
font la guerre,il entre dans leur
deſſeins;&ce qui eſt admirable
il ſe haït luy-meſme auec eux,
il conjure ſa perte, il trauaille
meſme à ſa ruine ; Enfin il ne ſe
ſoucie que d'eſtre, & pourueu
qu'il ſoit, il veut bien eſtre ſon
ennemy.Il ne faut donc pas s'é-
tonner s'il ſe joint quelquefois
à la plus rude auſterité, & s'il
entre ſi hardiment en ſocieté
auec elle pour ſe deſtruire,
parce que dans le meſme temps
qu'il ſe ruine en vn endroit, il

se rétablit en vn autre ; quand
on pense qu'il quite son plaisir, il ne fait que le suspendre,
ou le changer , & lors mesme
qu'il est vaincu, & qu'on croit
en estre défait, on le retrouue
qui triomphe dans sa propre
defaite. Voila la peinture de
l'amour propre, dont toute la
vie n'est qu'vne grande & lon-
gue agitation : la mer en est
vne image sensible, & l'amour
propre trouue dans le flus &
le reflus de ses vagues continuelles, vne fidelle expression
de la succession turbulante de
ses pensées, & de ses eternels
mouuemens.

II.

L'amour propre est le plus
grand de tous les flatteurs.

III.

Quelque découuerte que l'on ait faite dans le païs de l'amour propre, il reste bien encore des terres inconnuës.

IV.

L'amour propre est plus habile, que le plus habile homme du monde.

V.

La durée de nos passions ne dépend pas plus de nous, que la durée de nostre vie.

V.I.

La passion fait souuent du

plus habile homme vn fol ; &
rend quasi toûjours les plus
sots habiles.

VII.

Les grandes & éclatantes
actions qui éblouïssent les
yeux, sont representées par les
Politiques, comme les effets
des grands interests ; au lieu
que ce sont d'ordinaire les effets de l'humeur, & des passions. Ainsi la guerre d'Au-
guste, & d'Anthoine, qu'on
raporte à l'ambition qu'ils a-
uoient de se rendre Maistres
du monde, estoit vn effet de
jalousie.

VIII.

Les passions sont les seuls

Orateurs qui perſuadent toûjours, elles ſont comme vn art
de la nature, dont les regles
ſont infaillibles, & l'homme
le plus ſimple que la paſſion
fait parler, perſuade mieux
que celuy qui n'a que la ſeule
eloquence.

IX.

Les paſſions ont vne injuſti-
ce, & vn propre intereſt, qui
fait qu'il eſt dangereux de les
ſuiure, lors meſme, qu'elles
paroiſſent les plus raiſonna-
bles.

X.

Il y a dans le cœur humain
vne generation perpetuelle de
paſſions, en ſorte que la ruine
de l'vne eſt toûjours l'eta-

A vj

bliſſement d'vne autre.

XI.

Les paſſions en engendrent
ſouuent qui leur ſont contraires; l'auarice produit quelquefois la liberalité, & la liberalité
l'auarice; on eſt ſouuent ferme
de foibleſſe, & l'audace naiſt
de la timidité.

XII.

Quelque induſtrie que l'on
ait à cacher ſes paſſions ſous
le voile de la pieté, & de l'honneur, il y en a toûjours quelque endroit qui ſe montre.

XIII.

Toutes les paſſions ne ſont

autre chofe que les diuers de-
grez de la chaleur , & de la
froideur du fang.

XIV.

Les hommes ne font pas feu-
lement fujets a perdre également le fouuenir des bienfaits,
& des injures , mais ils haïffent
ceux qui les ont obligez , &
ceffent de haïr ceux qui leur
ont fait des outrages ; l'apli-
cation à recompenfer le bien,
& à fe venger du mal, leur paroift vne feruitude à laquelle
ils ont peine à fe foûmettre.

XV.

La clemence des Princes eft
fouuent vne politique dont ils
fe feruent pour gagner l'affe-

&tion des peuples.

XVI.

La clemence dont nous faifons vne vertu ; fe pratique
tantoft pour la gloire , quelquefois par pareffe , fouuent
par crainte ; & prefque toûjours par tous les trois enfemble.

XVII.

La moderation dans la plu-
part des hommes , n'a gard
de combattre , & de foûmettre l'ambition , puis qu'elles n
fe peuuent trouuer enfemble
la moderation n'eftant d'ordinaire qu'vne pareffe , vne lan-
gueur, & vn manque de courage : de maniere qu'on peu

juftement dire à leur égard,
que la moderation eft vne
baffeffe de l'ame, comme l'ambition en eft l'éleuation.

XVIII.

La moderation dans la bonne fortune, n'eft que l'aprehenfion de la honte qui fuit
l'emportement, ou la peur de
perdre ce que l'on a.

XIX.

La moderation des perfon-
nes heureufes eft le calme de
leur humeur, adoucie par la
poffeffion du bien.

XX.

La moderation eft vne crain-

te de l'enuie, & du mépris, qui
fuiuent ceux qui s'enyurent de
leur bonheur, c'eſt vne vaine
oſtentation de la force de noſtre eſprit; & enfin pour la bien
definir; la moderation des
hommes dans leur plus hautes
éleuations, eſt vne ambition de
paroiſtre plus grands que les
choſes qui les éleuent.

XXI.

La moderation eſt comme
la ſobrieté, on voudroit bien
manger d'auantage, mais on
craint de ſe faire mal.

XXII.

Nous auons tous aſſez de
force pour ſupporter les maux
d'autruy.

XXIII.

La conftance des Sages n'eft qu'vn art, auec lequel il fça-uent enfermer leur agitation dans leur cœur.

XXIV.

Ceux qu'on fait mourir, affe-ctent quelquefois des conftan-ces, des froideurs , & des mé-pris de la mort, pour ne pas penfer à elle ; de forte qu'on peut dire que ces froideurs, & ces mépris, font à leur ef-prit ce que le bandeau fait à leurs yeux.

XX.V.

La Philofophie triomphe ai-

fement des maux paffez, &
de ceux qui ne font pas prefts
d'arriuer, mais les maux pre-
fens triomphent d'elle.

XXVI.

Peu de gens connoiffent la
mort, on ne la fouffre pas ordinairement par refolution,
mais par ftupidité, & par cou-
tume, & la plus part des
hommes meurent parce qu'on
meurt.

XXVII.

Les grands hommes s'ab-
tent & fe demontent à la fi
par la longueur de leurs info
tunes; cela fait bien voir qu'i
n'eftoient pas forts quand ils
fuportoient, mais feuleme

qu'ils ſe donnoient la geſne
pour le paroiſtre, & qu'ils ſoû-
tenoient leurs mal-heurs par
la force de leur ambition, &
non pas par celle de leur ame;
enfin à vne grande vanité prés,
les Heros ſont faits comme les
autres hommes.

XXVIII.

Il faut de plus grandes vertus, & en plus grand nombre
pour ſoûtenir la bonne fortune
que la mauuaiſe.

XXIX.

Le Soleil ny la mort ne ſe
peuuent regarder fixement.

XXX.

Quoy que toutes les paſſions
ſe deuſſent cacher, elles ne craignent pas neantmoins le jour,
la ſeule enuie eſt vne paſſion
timide, & honteuſe, qu'on n'o-
ſe jamais auoüer.

XXXI.

La jalouſie eſt raiſonnable,
& juſte en quelque maniere,
puis qu'elle ne cherche qu'à
conſeruer vn bien qui nous
apartient, ou que nous croyons
nous apartenir ; au lieu que
l'enuie eſt vne fureur qui nous
fait toûjours ſouhaitter la ruine du bien des autres.

XXXII.

Le mal que nous faifons, ne nous attire point tant de perfecution, & de haine, que les bonnes qualitez que nous auons.

XXXIII.

Tout le monde trouue à redire en autruy, ce qu'on trouue à redire en luy.

XXXIV.

Si nous n'auions point de defauts, nous ne ferions pas fi aifes d'en remarquer aux autres.

XXXV.

La jaloufie ne fubfifte que
dans les doutes, l'incertitude
eft fa matiere , c'eft vne paffion qui cherche tous les jours
de nouueaux fujets d'inquietude, & de nouueaux tourmens,
on ceffe d'eftre jaloux dés que
l'on eft éclaircy de ce qui cau-
foit la jaloufie.

XXXVI.

L'orgueil fe dedommage
toûjours, & il ne pert rien lors
mefme qu'il renonce à la vanité.

XXXVII.

L'orgueil comme laffé de fo

artifices, & de ſes differentes
Metamorphoſes, apres auoir
ioüé tout ſeul tous les perſonnages de la Comédie humaine, ſe montre auec vn viſage naturel, & ſe découure par la fierté ; de ſorte qu'a proprement
parler la fierté eſt l'éclat , &
la declaration de l'orgueil.

XXXVIII.

Si nous n'auions point d'orgueil, nous ne nous plaindrions
pas de celuy des autres.

XXXIX.

L'orgueil eſt égal dans tous
les hommes, & il n'y a de difference qu'aux moyens, & à la
maniere de le mettre au iour.

XXXV.

La jalousie ne subsiste que dans les doutes, l'incertitude est sa matiere, c'est vne paßion qui cherche tous les jours de nouueaux sujets d'inquietude, & de nouueaux tourmens, on cesse d'estre jaloux dés que l'on est éclaircy de ce qui causoit la jalousie.

XXXVI.

L'orgueil se dedommage toûjours, & il ne pert rien lors mesme qu'il renonce à la vanité.

XXXVII.

L'orgueil comme lassé de ses

XLII.

Nous promettons felon nos efperances, & nous tenons felon nos craintes.

XLIII.

L'intereft parle toutes fortes de langues, & iouë toutes fortes de perfonnages, & mefme celuy de defintereffé.

XLIV.

L'intereft, a qui on reproche l'aueugler les vns, eft tout ce qui fait la lumiere des autres.

XLV.

Ceux qui s'appliquent trop

B

aux petites chofes , deuiennent ordinairement incapables
des grandes.

XLVI.

Nous n'auons pas affez de
force, pour fuiure toute noftre raifon.

XLVII.

L'homme eft conduit, lors
qu'il croit fe conduire , &
pendant que par fon efprit il
vife à vn endroit , fon cœur
l'achemine infenfiblement à
vn autre.

XLVIII.

Nous ne nous aperceuon
que des emportemens , & de

mouuemens extraordinaires de
nos humeurs, & de noſtre
temperament, comme de la
violence de la colere ; mais
perſonne quaſi ne s'aperçoit
que ces humeurs ont vn cours
ordinaire & reglé, qui meut &
tourne doucement & imper-
ceptiblement noſtre volonté
à des actions diferentes ; elles
roulent enſemble s'il faut ainſi
dire, & exercent ſucceſſiue-
ment vn empire ſecret en nous
meſme ; de ſorte qu'elles ont
vne part conſiderable en toutes nos actions, ſans que nous
le puiſſions reconnoiſtre.

XLIX.

La force & la foibleſſe de
l'eſprit ſont mal nommées, elles ne ſont en effet que la bon-

ne, ou la mauuaiſe diſpoſition
des organes du corps.

L.

Le caprice de noſtre hu-
meur, eſt encore plus bizarre
que celuy de la fortune.

LI.

La complexion qui fait le
talent pour les petites choſes,
eſt contraire à celle qu'il faut
pour le talent des grandes.

LII.

L'attachement ou l'indife-
rance pour la vie, ſont des
gouſts de l'amour propre, dont
on ne doit non plus diſputer
que de ceux de la langue.

ou du choix des couleurs.

LIII.

C'eſt vne eſpece de bon-
heur, de connoiſtre iuſques à
quel point on doit eſtre mal-
heureux.

LIV.

La felicité eſt dans le gouſt,
& non pas dans les choſes,
& c'eſt, par auoir ce qu'on
aime, qu'on eſt heureux, &
non pas par auoir ce que les
autres trouuent aimable.

LV.

Quand on ne trouue pas ſon
repos en ſoymeſme, il eſt
inutile de le chercher ailleurs.

A iij

LVI.

On n'eſt iamais ſi heureux,
n'y ſi mal-heureux que l'on
penſe.

LVII.

Ceux qui ſe ſentent du merite, ſe picquent toûiours d'eſtre
malheureux, pour perſuader
aux autres, & à eux-meſmes
qu'ils ſont au deſſus de leur
malheurs, & qu'ils ſont digne
d'eſtre en butte à la fortune

LVIII.

Rien ne doit tant diminuer
la ſatisfaction que nous auons
de nous-meſmes, que de voir
que nous auons eſté conten

dans l'eſtat, & dans les ſentimens, que nous deſaprouuons
à cette heure.

LIX.

On n'eſt iamais ſi malheureux qu'on croit, n'y ſi heureux
qu'on auoit eſperé.

LX.

On ſe conſole ſouuent d'e-
ſtre malheureux, par vn certain plaiſir qu'on trouue à le
paroiſtre.

LXI.

Quelque diference qu'il y
ait entre les fortunes, il y a
pourtant vne certaine propor-
tion de biens, & de maux, qui
les rend égales.

LXII.

Quelques grands auantages que la nature donne, ce n'eſt pas elle ; mais la fortune qui fait les Heros.

LXIII.

Le mépris des richeſſes, dans les Philoſophes, eſtoit vn deſir caché de venger leur merite de l'iniuſtice de la fortune, par le mépris des meſmes biens dont elle les priuoit : c'eſtoit vn ſecret qu'ils auoient trouué pour ſe dédommager de l'auiliſſement de la pauureté ; c'eſtoit enfin vn chemin detourné pour aller à la conſideration, qu'ils ne pouuoient auoir par les richeſſes.

LXIV.

La haine qu'on a pour les Fauoris, n'eſt autre choſe que l'amour de la faueur; le dépit de ne la pas poſſeder, ſe conſole & s'adoucit vn peu, par le mépris de ceux qui la poſſedent; c'eſt enfin vne ſecrette enuie de la deſtruire, qui fait que nous leur oſtons nos propres hommages, ne pouuant pas leur oſter ce qui leur attire ceux de tout le monde.

LXV.

Pour s'établir dans le monde, on fait tout ce que l'on peut pour y paroiſtre étably.

B v

LXVI.

Quoy que la grandeur des Miniſtres ſe flatte de celle de leurs actions, elles ſont bien ſouuent les effets du hazard, ou de quelque petit deſſein.

LXVII.

Il ſemble que nos actions ayent des eſtoilles heureuſes ou malheureuſes auſſi bien que nous, d'où dépand vne grande partie de la loüange & du blâme qu'on leur donne.

LXVIII.

Il n'y a point d'accidens ſi malheureux, dont les habiles gens ne tirent quelque auantage, ny de si heureux, que les imprudens ne puissent tourner à leur preiudice.

LXIX.

La fortune ne laisse rien perdre pour les hommes heureux.

LXX.

Il faudroit pouuoir respondre de sa fortune, pour pouuoir respondre de ce que l'on fera.

LXXI.

La sincerité est vne naturelle ouuerture de cœur, on la trouue en fort peu de gens, & celle qui se pratique d'ordinaire, n'est qu'vne fine dissi-

B vj

mulation pour arriuer à la confiance des autres.

LXXII.

L'auersion du mensonge est vne imperceptible ambition de rendre nos témoignages considerables, & d'attirer à nos paroles vn respect de religion.

LXXIII.

La verité ne fait pas tant de bien dans le monde, que les apparences de la verité font de mal.

LXXIV.

Comment peut-on répondre de ce qu'on voudra à l'auenir,

puis que l'on ne fçait pas pre-
cifement ce que l'on veut dans
le temps prefent.

LXXV.

On éleue la Prudence iuf-
qu'au Ciel , & il n'eft forte
d'éloge qu'on ne luy donne ;
elle eft la reigle de nos actions
& de noftre conduite , elle eft
la maiftreffe de la fortune ,
elle fait le deftin des Empi-
res , fans elle on a tous les
maux , auec elle on a tous les
biens , & comme difoit autre-
fois vn Poëte, quand nous a-
uons la Prudence, il ne nous
manque aucune Diuinité; pour
dire que nous trouuons dans
la Prudence tout le fecours que
nous demandons aux Dieux.
Cependant la Prudence la plus

confommée ne fçauroit nous
affeurer du plus petit effet du
monde; parce que trauaillant
fur vne matiere auffi chan-
geante & auffi inconnuë qu'eft
l'homme, elle ne peut execu-
ter feurement aucun de fes
proiets : d'où il faut conclure,
que toutes les loüanges dont
nous flattons noftre Prudence
ne font que des effets de noftre amour propre, qui s'ap-
plaudit en toutes chofes, &
en toutes rencontres.

LXXVI.

Vn habille homme doit fçauoir regler le rang de fes inte-
refts, & les conduire chacun
dans fon ordre; noftre auidité
le trouble fouuent, en nous
faifant courir à tant de chofes

à la fois, que pour defirer trop
les moins imporanttes , nous
ne les faifons pas affez feruir à obtenir les plus confide-
rables.

LXXVII.

L'amour eft à l'ame de celuy qui aime, ce que l'ame eft
au corps qu'elle anime.

LXXVIII.

Il eft malaifé de definir l'a-
mour , tout ce qu'on peut dire
eft que dans l'ame c'eft vne
paffion de regner, dans les ef-
prits c'eft vne fimpathie , &
dans le corps ce n'eft qu'vne
enuie cachée. & delicate de
ioüir de ce que l'on aime apres
beaucoup de myfteres.

LXXIX.

Il n'y a point d'amour pur, & exempt du meſlange de nos autres paſſions, que celuy qui eſt caché au fonds du cœur, & que nous ignorons nous-meſmes.

LXXX.

Il n'y a point de déguiſe-ment qui puiſſe longtemps cacher l'amour où il eſt, ny le feindre ou il n'eſt pas.

LXXXI.

Comme on n'eſt iamais en li-berté d'aimer, ou de ceſſer d'ai-mer, l'amant ne peut ſe plain-dre auec iuſtice de l'incon-

ſtance de ſa Maiſtreſſe, ny elle
de la legereté de ſon Amant.

LXXXII.

Si on iuge de l'amour par la
pluſpart de ſes effets, il reſ-
ſemble plus à la haine qu'à l'a-
mitié.

LXXXIII.

On peut trouuer des fem-
mes qui n'ont iamais fait de
galanterie, mais il eſt rare d'en
trouuer qui n'en ayent iamais
fait qu'vne.

LXXXIV.

Il n'y a que d'vne ſorte d'a-
mour, mais il y en à mille differentes copies.

LXXXV.

L'amour auſſi bien que le feu, ne peut ſubſiſter ſans vn mouuement continuel, & il ceſſe de viure, dés qu'il ceſſe d'eſperer ou de craindre.

LXXXIV.

Il eſt de l'amour comme de l'aparition des eſprits, tout le monde en parle, mais peu de gens en ont vû.

LXXXVII.

L'amour preſte ſon nom à vn nombre infini de commerces qu'on luy attribuë, où il n'a non plus de part que le Doge en a, à ce qui ſe fait à Veniſe.

LXXXVIII.

La iuftice n'eft qu'vne viue aprehenfion qu'on ne nous ofte ce qui nous appartient ; de là vient cette confideration , & ce refpect pour tous les intereft du prochain , & cette fcrupuleufe application à ne luy faire aucun preiudice; cette crainte retient l'homme dans les bornes des biens que la naiffance, ou la fortune luy ont donnez , & fans cette crainte, il feroit des courfes continuelles fur les autres.

LXXXIX.

La iuftice dans les iuges qui font moderez , n'eft que l'amour de leur éleuation.

LXXXX.

On blâme l'iniuſtice , non pas par l'auerſion que l'on a pour elle , mais , pour le preiudice que l'on en re_ çoit.

LXXXXI.

L'amour de la iuſtice, n'eſt que la crainte de ſouffrir l'in- iuſtice.

LXXXXII.

Le ſilence eſt le party le plus ſeur, de celuy qui ſe deffie de ſoy-meſme.

LXXXXIII.

Ce qui rend nos nclina-
tions ſi legeres , & ſi chan-
geantes, c'eſt qu'il eſt aiſé de
connoiſtre les qualitez de l'eſprit, & difficile de connoiſtre
celles de l'ame.

LXXXXIV.

L'amitié la plus deſintereſ-
ſée n'eſt qu'vn trafic , où no-
tre amour propre ſe propoſe toûiours quelque choſe à
gaigner.

LXXXXV.

La reconciliation auec nos
ennemis qui ſe fait au nom de
la ſincerité, de la douceur, &

de la tendreſſe ; n'eſt qu'vn
deſir de rendre ſa condition
meilleure , vne laſſitude de la
guerre , & vne crainte de quelque mauuais éuenement.

LXXXXVI.

Quand nous ſommes las
d'aïmer, nous ſommes bien ai-
ſes que l'on deuienne infidelle,
pour nous dégager de noſtre
fidelité.

LXXXXVII.

Le premier mouuement de
ioye que nous auons du bonheur de nos Amis , ne vient
ny de la bonté de noſtre naturel, ny de l'amitié que nous
auons pour eux , c'eſt vn effet
de l'amour propre qui nous

latte de l'efperance d'eftre
eureux à noftre tour, ou de
etirer quelque vtilité de leur
onne fortune.

LXXXXVIII.

Nous nous perfuadons fou-
ent mal à propos d'aimer
es gens plus puiffants que
ous, l'intereft feul produit
oftre amitié, & nous ne nous
onnons pas à eux pour le
ien que nous leur voulons
aire ; mais pour celuy que
ous en voulons receuoir.

LXXXXIX.

Dans l'aduerfité de nos meil-
eurs amis, nous trouuons toû-
ours quelque chofe qui ne
ous déplaift pas.

C.

Comment pretendons nou
qu'vn autre garde noſtre ſecre
ſi nous n'auons pas pû le gar
der nous meſmes.

C I.

Comme ſi ce n'eſtoit pas aſſe
à l'amour propre d'auoir l
vertu de ſe transformer luy
meſme, il a encore celle de
transformer les obiets ; ce qu'i
fait d'vne maniere fort eſton-
nante ; car non ſeulement i
les déguiſe ſi bien, qu'il y et
luymeſme trompé, mais i
change auſſi l'eſtat, & la nature des choſes. En effet, lor
qu'vne perſonne nous eſt contraire, & qu'elle tourne ſa
haine

haine, & fa perfecution contre nous, c'eſt auec toute la
feuerité de la iuſtice que l'a-
mour propre iuge fes actions,
il donne à fes deffauts vne é-
tenduë qui les rend énormes,
& il met fes bonnes qualités
dans vn iour ſi defaduanta-
geux, qu'elles deuiennent plus
dégouſtantes que fes deffauts,
cependant dés que cette meſme perſonne nous deuient fa-
uorable, ou que quelqu'vn
de nos intereſts la reconcilie
auec nous, noſtre feule fatis-
faction rend auſſitoſt à fon
merite, le luſtre que noſtre
auerſion venoit de luy oſter ;
les mauuaiſes qualitez s'effa-
cent & les bonnes paroiſſent
auec plus d'auantage qu'aupa-
auant, nous rapellons meſme
toute noſtre indulgence pour

C

la forcer à iuſtifier la guerre
qu'elle nous a faite. Quoy
que toutes les paſſions mon-
ſtrent cette verité, l'amour la
fait voir plus clairement que
les autres ; car nous voyons vn
amoureux agité de la rage où
l'a mis l'oubli ou l'infidelité de
ce qu'il aime, mediter pour ſa
vengeance, tout ce que cette
paſſion inſpire de plus violent,
neantmoins auſſitoſt que ſa
veuë a calmé la fureur de ſes
mouuemens, ſon rauiſſement
rend cette beauté innocente,
il n'accuſe plus que luy-meſme, il condamne ſes condam-
nations, & par cette vertu mi-
raculeuſe de l'amour propre,
il oſte la noirceur aux mauuaiſes actions de ſa maiſtreſſe,
& en ſepare le crime pour s'en
charger luy-meſme.

CII.

L'aueuglement des hommes est le plus dangereux effet de leur orgueil : il sert à le nourir & à l'augmenter, & nous oste la connoissance des remedes qui pourroient soulager nos miseres & nous guerir de nos defauts.

CIII.

On n'a plus de raison, quand on n'espere plus d'en trouuer aux autres.

CIV.

On a autant de suiet de se plaindre de ceux qui nous aprennent à nous connoistre

nousmefme, qu'en eut ce fou
d'Athenes, de fe plaindre du
Medecin qui l'auoit guery de
l'opinion d'eftre riche.

C V.

Les Philofophes & Sene-
que fur tous, n'ont point ofté
les crimes par leurs preceptes,
ils n'ont fait que les employer au baftiment de l'orgueil.

C V I.

Les Vieillards aiment à donner de bons preceptes pour fe
confoler de n'eftre plus en eftat
de donner de mauuais exemples.

CVII.

Le Iugement n'eſt autre choſe que la grandeur de la lumiere de l'eſprit , ſon eſtenduë eſt la meſure de ſa lumiere, ſa profondeur eſt celle qui
penetre le fonds des choſes,
ſon diſcernement les compare
& les diſtingue, ſa iuſteſſe ne
voit que ce qu'il faut voir, ſa
droiture les prend toûiours par
le bon biais, ſa delicateſſe a-
perçoit celles qui paroiſſent
imperceptibles, & le iugement
decide ce que les choſes ſont;
ſi on l'examine bien on trou-
vera que toutes ces qualitez
ne ſont autre choſe que la
grandeur de l'eſprit , lequel
voyant tout, rencontre dans
la plenitude de ſes lumieres,

C iij

tous les auantages dont nous venons de parler.

CVIII.

Chacun dit du bien de fon cœur, & perfonne n'en ofe dire de fon efprit.

CIX.

La politeffe de l'efprit , eft vn tour par lequel il penfe toûjours des chofes honneftes & delicates.

CX.

La galanterie de l'efprit eft vn tour de l'efprit , par le-quel il entre dans les cho-fes les plus flatteufes , c'eft à dire celles qui font le plus

capables de plaire aux autres.

CXI.

Il y a des iolies chofes que
l'efprit ne cherche point , &
qu'il trouue toutes acheuées
en luy-mefme, il femble qu'elles y foient cachées comme l'or
& les diamans dans le fein
de la terre.

CXII.

L'efprit eft toûjours la dupe
du cœur.

CXIII.

Bien des gens connoiffent leur
efprit qui ne connoiffent pas
leur cœur.

CXIV.

Toutes les grandes chofes ont leur point de perfpectiue, comme les ftatuës; il y en a qu'il faut voir de prés pour en bien iuger, & il y en a d'autres dont on ne iuge iamais fi bien que quand on en eft éloigné.

CXV.

Celuy là n'eft pas raifonnable à qui le hazard fait trouuer la raifon; mais celuy qui la connoift, qui la difcerne, & qui la goufte.

CXVI.

Pour bien fçauoir les cho-

ſes ; il en faut ſçauoir le dé-
tail, & comme il eſt preſque
infiny, nos connoiſſances ſont
toûjours ſuperficielles & imparfaites.

CXVII.

Il n'y a point de plaiſir qu'on
faſſe plus volontiers à vn amy
que celuy de luy donner conſeil.

CXVIII.

Rien n'eſt plus diuertiſſant
que de voir deux hommes aſ-
ſemblez, l'vn pour demander
conſeil, & l'autre pour le donner, l'vn paroiſt auec vne de-
ference reſpectueuſe, & dit qu'il
vient receuoir des inſtructions
pour ſa conduite, & ſon deſ-

ſéin le plus ſouuent eſt de faire
aprouuer ſes ſentimens, & de
rendre celuy qu'il vient con-
ſulter, garant de l'affaire qu'il
luy propoſe. Celuy qui con-
ſeille, paye d'abord la confiance de ſon amy des mar-
ques d'vn zele ardent, & de-
ſintereſſé, & il cherche en
meſme temps dans ſes propres
intereſts, des regles de con-
ſeiller ; de ſorte que ſon conſeil luy eſt bien plus propre,
qu'à celuy qui le reçoit.

CXIX.

On eſt au deſeſpoir d'eſtre
trompé par ſes ennemis, & tra-
hy par ſes amis, & on eſt ſouuent ſatisfait de l'eſtre par ſoy-
meſme.

CXX.

Il est aussi aisé de se tromper sans s'en apperceuoir, qu'il est difficile de tromper les autres sans qu'ils s'en aperçoiuent.

CXXI.

La plus deliée de toutes les finesses est de sçauoir bien faire semblant de tomber dans les pieges que l'on nous tend; on n'est iamais si aisément trompé que quand on songe à tromper les autres.

CXXII.

L'intention de ne iamais tromper nous expose à estre souuent trompez.

C vj

CXXIII.

La coûtume que nous auons de nous déguiſer aux autres, pour acquerir leur eſtime, fait qu'enfin nous nous déguiſons à nous-meſmes.

CXXIV.

L'on fait plus ſouuent des trahiſons par foibleſſe, que par vn deſſein formé de trahir.

CXXV.

On fait ſouuent du bien, pour pouuoir faire du mal impunément.

CXXVI.

Les plus habiles affectent toute leur vie d'éuiter les fineſſes, pour s'en feruir en quelque grande occaſion, & pour quelque grand intereſt.

CXXVII.

L'uſage ordinaire de la fineſſe eſt l'effet d'vn petit eſprit, & il arriue quaſi toûiours que celuy qui s'en ſert pour ſe couurir en vn endroit, ſe decouure en vn autre.

CXXVIII.

Si on eſtoit toûiours aſſez habile, on ne feroit iamais de meſſes, ny de trahiſons.

CXXIX.

On est fort sujet à estre trompé, quand on croit estre plus
fin que les autres.

CXXX.

La subtilité est vne fausse
delicatesse, & la delicatesse
est vne solide subtilité.

CXXXI.

C'est quelquefois assez d'e-
stre grossier pour n'estre pas
trompé par vn habile hom-
me.

CXXXII.

Les plus sages le sont dans

les chofes indifferentes, mais
ils ne le font prefque iamais
dans leurs plus ferieufes affaires.

CXXXIII.

Il eft plus aifé d'eftre fage
pour les autres que de l'eftre
affez pour foy-mefme.

CXXXIV.

La plus fubtile folie fe
fait de la plus fubtile fa-
geffe.

CXXXV.

La fobrieté eft l'amour de la
fanté, ou l'impuiffance de manger beaucoup.

CXXXVI.

On n'eſt iamais ſi ridicule par les qualitez que l'on a, que par celles que l'on affecte d'auoir.

CXXXVII.

Chaque homme ſe trouue quelquefois auſſi different de luy meſme, qu'il l'eſt des autres.

CXXXVIII.

Chaque talent dans les hommes, de meſme que chaque arbre, a ſes propriétez & ſes effets, qui luy ſont tous particuliers.

CXXXIX.

Quand la vanité ne fait point parler on n'a pas enuie de dire grand-chofe.

CXL.

On ayme mieux dire du mal de foy, que de n'en point parler.

CXLI.

Vne des chofes qui fait que l'on trouue fi peu de gens qui paroiffent raifonnables , & a-greables dans la conuerfation; c'eft qu'il n'y a quafi perfonne qui ne penfe plûtoft à ce qu'il veut dire, qu'à refpondre pre-cifement à ce qu'on luy dit; &

que les plus habiles, & les plus complaiſans ſe contentent de montrer ſeulement vne mine attentiue, au meſme temps que l'on voit dans leurs yeux, & dans leur eſprit, vn égarement pour ce qu'on leur dit, & vne precipitation pour retourner à ce qu'ils veulent dire; au lieu de conſiderer que c'eſt vn mauuais moyen de plaire aux autres, ou de les perſuader, que de chercher ſi fort à ſe plaire à ſoymeſme; & que bien écouter, & bien répondre, eſt vne des plus grandes perfections qu'on puiſ. ſe auoir dans la conuerſation.

CXLII.

Vn homme d'eſprit ſeroit

souuent bien embarassé sans la compagnie des sots.

CXLIII.

On se vante souuent mal à propos de ne se point ennuyer; & l'homme est si glorieux, qu'il ne veut pas se trouuer de mauuaise compagnie.

CXLIV.

On n'oublie iamais mieux les choses que quand on s'est lassé d'en parler.

CXLV.

Comme c'est le caractere des grands esprits de faire entendre auec peu de paroles beaucoup de choses : les petits esprits en reuanche ont le don de beaucoup parler & de ne dire rien.

CXLVI.

C'eſt plûtoſt par l'eſtime de nos ſentimens, que nous exagerons les bonnes qualitez des autres, que par leur merite, & nous nous loüons en effet, lors qu'il ſemble que nous leur donnons des loüanges.

CXLVII.

La modeſtie qui ſemble refuſer les loüanges, n'eſt en effet qu'vn deſir d'en auoir de plus delicates.

CXLVIII.

On n'aime point à loüer, &
on ne loüe iamais personne sans
interest; la loüange est vne fla-
terie habile, cachée, & delicate,
qui satisfait differément celuy
qui la donne, & celuy qui la reçoit; l'vn la prend comme vne
recompense de son merite, l'autre la donne pour faire remarquer son équité & son discerne-
ment.

CXLIX.

Nous choisissons souuent des
loüanges empoisonnées, qui
font voir par contrecoup en
ceux que nous loüons des defauts, que nous n'osons décou-
urir autrement; nous éleuons la
gloire des vns pour abaisser par

là celle des autres, & on loüeroi
moins Monsieur le Prince &
Monsieur de Turenne, si on ne
les vouloit point blâmer tous
deux.

C L.

On ne loüe que pour estre
loüé.

C L I.

On ne blâme le vice, & on ne
loüe la vertu que par interest.

C L I I.

Peu de gens sont assez sages
pour aimer mieux le blâme qui
leur sert que la loüange qui le
trahit.

C L I I I.

Il y a des reproches qui loüe
& des loüanges qui médisen

CLIV.

Le refus des loüanges est
n desir d'estre loüé deux
ois.

CLV.

La loüange qu'on nous don-
e sert au moins à nous fixer
ans la pratique des vertus.

CLVI.

L'aprobation que l'on don-
e à l'esprit, à la beauté, &
la valeur, les augmente, les
rfectionne, & leur fait faire
plus grands effets, qu'ils
uroient esté capables de
ire d'eux-mesmes.

CLVII.

L'amour propre empefche
bien que celuy qui nous flatte
ne foit iamais celuy qui nous
flatte le plus.

CLVIII.

Si nous ne nous flattions
point nous-mefmes, la flatte-
rie des autres ne nous feroit iamais de mal.

CLIX.

On ne fait point de diftin-
ction dans les efpeces de cole-
res, bien qu'il y en ait vne
legere & quafi innocente, qui
vient de l'ardeur de la complexion ; & vne autre tres
criminel

criminelle, qui eſt à proprement parler la fureur de l'orgueil.

CLX.

La nature fait le merite,
& la fortune le met en œu-
vre.

CLXI.

Les grandes ames ne ſont
pas celles qui ont moins de
paſſions, & plus de vertu que
les ames communes; mais celles ſeulement qui ont de plus
grands deſſeins.

CLXII.

Comme il y° a de bonnes
viandes qui affadiſſent le cœur;

D

il y a vn merite fade , & des
perfonnes qui dégoûtent auec
des qualitez bonnes & eſti-
mables.

CLXIII.

Il y a des gens dont le merite
confiſte à dire , & à faire des
ſotiſes vtilement, & qui gâte-
roient tout s'ils changeoient
de conduite.

CLXIV.

L'art de ſçauoir bien mettre
en œuure de mediocres qualitez, donne ſouuent plus de
reputation que le veritable
merite.

CLXV.

Les Roys font des hommes
omme des pieces de mon-
oye ; ils les font valoir ce
u'ils veulent, & l'on eſt for-
é de les receuoir ſelon leur
ours, & non pas ſelon leur
eritable prix.

CLXVI.

Ce n'eſt pas aſſez d'auoir de
randes qualitez, il en faut
uoir l'œconomie.

CLXVII.

On ſe méconte toûjours dans
iugement que l'on fait de
os actions, quànd elles ſont
us grandes que nos deſſeins.

D ij

CLXVIII.

Il faut vne certaine propor-
tion entre les actions & les
desseins, si on en veut tirer
tous les effets qu'elles peuuent produire.

CLXIX.

La gloire des grands hom-
mes se doit mesurer aux
moyens qu'ils ont eus pour l'acquerir.

CLXX.

Il y a vne infinité de con-
duites qui ont vn ridicule ap-
parant, & qui sont dans leurs
raisons cachées tressages &
tres solides.

CLXXI

Il eſt plus aiſé de paroiſtre digne des emplois qu'on n'a pas, que de ceux qu'on exerce.

CLXXII.

Noſtre merite nous attire l'eſtime des honneſtes gens, & noſtre eſtoille celle du pulic.

CLXXIII.

Le monde recompenſe plus ſouuent les apparences du merite que le merite meſme.

D iij

CLXXIV.

La ferocité naturelle fai
moins de cruels que l'amou
propre.

CLXXV.

L'esperance toute trompeu
se qu'elle est, sert au moin
à nous mener à la fin de l
vie, par vn chemin agrea
ble.

CLXXVI.

On peut dire de toutes no
vertus, ce qu'vn Poëte Ita
lien a dit de l'honnesteté de
femmes, que ce n'est souue
autre chose qu'vn art de p
roistre honneste.

CLXXVII.

Pendant que la paresse &
a timidité ont seules le meri-
e de nous tenir dans nostre
leuoir, nostre vertu en a tous
honneur.

CLXXVIII.

Il n'y a personne qui sça-
he si vn procedé net, since-
e, & honneste, est plûtost
n effet de probité, que d'ha-
ileté.

CLXXIX.

Ce que le monde nomme
ertu, n'est d'ordinaire qu'vn
ntosme formé par nos pas-
ons, à qui on donne vn nom
D iiij

honneste pour faire impunement ce qu'on veut.

C L X X X.

Toutes les vertus se perdent
dans l'interest , comme les
fleuues se perdent dans la
Mer.

C L X X X I.

Nous sommes preocupez
de telle sorte en nostre faueur, que ce que nous prenons souuent pour des vertus
n'est en effet qu'vn nombre de
vices qui leur ressemblent, &
que l'orgueil & l'amour propre nous ont déguisez.

CLXXXII.

La curiofité n'eft pas comme l'on croit vn fimple amour
de la nouueauté, il y en a vne
d'intereft qui fait que nous
voulons fçauoir les chofes pour
nous en preualoir ; il y en a
vne autre d'orgueil, qui nous
donne enuie d'eftre au deffus
de ceux qui ignorent les chofes, & de n'eftre pas au def-
fous de ceux qui les fça-
uent.

CLXXXIII.

Il vaut mieux employer fon
efprit à fupporter les infortu-
nes qui arriuent, qu'à penetrer
celles qui peuuent arriuer.

D v

CLXXXIV.

La conſtance en amour eſt
vne inconſtance perpetuelle,
qui fait que noſtre cœur s'at-
tache succeſſiuement à toutes
les qualitez de la perſonne que
nous aimons, donnant tantoſt
la preference à l'vne, tantoſt
à l'autre ; de ſorte que cette
conſtance n'eſt qu'vne inconſtance areſtée & renfermée
dans vn meſme ſujet.

CLXXXV.

Il y a deux ſortes de conſtance en amour: l'vne vient
de ce que l'on trouue ſans
ceſſe dans la perſonne que l'on
aime (comme dans vne ſour-
ce inepuiſable) de nouueaux

ſujets d'aimer : & l'autre vient
de ce qu'on ſe fait vn honneur
de tenir ſa parolle.

CLXXXVI.

La perſeuerance n'eſt digne
ny de blâme ny de loüange ,
parce qu'elle n'eſt que la durée des gouſts & des ſentimens qu'on ne s'oſte, & qu'on
ne ſe donne point.

CLXXXVII.

Ce qui nous fait aimer les
connoiſſances nouuelles, n'eſt
pas tant la laſſitude que nous
auons des vieilles , ou le plaiſir de changer, que le dégouſt
que nous auons de n'eſtre pas
aſſez admirez de ceux qui nou$_s$
connoiſſent trop, & l'eſperan$_s$

ce que nous auons de l'eſtre
dauantage de ceux qui ne
nous connoiſſent gueres.

CLXXXVIII.

Nous nous plaignons quel-
quefois legerement de nos amis
pour iuſtifier par auance noſtre
legereté.

CLXXXIX.

Noſtre repentir n'eſt pas
vne douleur du mal que nous
auons fait, c'eſt vne crainte
de celuy qui nous en peut arriuer.

CLXXXX.

Il y a vne inconſtance qui
vient de la legereté de l'eſprit,

qui change à tout moment
d'opinion, ou de sa foiblesse
qui luy fait receuoir toutes les
opinions d'autruy; il y en a
vne autre qui est plus excusa-
ble, qui vient de la fin du goust
des choses.

CLXXXXI.

Les vices entrent dans la
composition des vertus, comme les poisons entrent dans la
composition des remedes de la
medecine; la prudence les as-
semble & les tempere, & elle
s'en sert vtilement contre les
maux de la vie.

CLXXXXII.

Il y a des crimes qui deuiennent innocens, & mesme glo-

rieux par leur éclat, leur nombre, & leur excez; de là vient que les voleries publiques font des habiletez, & que prendre des Prouinces injuſtement, s'appelle faire des conqueſtes.

CLXXXXIII.

Nous auoüons nos deffauts, affin qu'en donnant bonne opinion de la iuſtice de noſtre eſprit : nous reparions le tort qu'ils nous ont fait dans l'eſprit des autres.

CLXXXXIV.

Il y a des Heros en mal, comme en bien.

CLXXXXV.

On peut haïr, & méprifer les vices, fans haïr, ny méprifer les vicieux, mais on a toufiours du mefpris pour ceux qui manquent de vertu.

CLXXXXVI.

Le nom de là vertu fert à l'intereft auffi vtilement que les vices,

CLXXXXVII.

La fanté de l'ame n'eft pas plus affeurée que celle du corps; & quoy que l'on paroiffe éloigné des paffions, on n'y eft pas moins expofé qu'à

tomber malade quand on se
porte bien.

CLXXXXVIII.

Il n'appartient qu'aux grands
hommes , d'auoir de grands
deffauts.

CLXXXXIX.

La nature a prescrit à chaque homme dés sa naissance,
des bornes pour les vertus &
pour les vices.

CC.

Nous n'auoüons iamais nos
deffauts que par vanité.

CCI.

On ne trouue point dans
l'homme le bien ny le mal dans
l'excés.

CCII.

On pouroit dire que les vices nous attendent dans le
cours de la vie, comme des
hostes chez lesquels il faut
successiuement loger, & ie
doute que l'experience nous
les fist éuiter, s'il nous estoit
permis de faire deux fois le
mesme chemin.

CCIII.

Quand les vices nous quit-
tent, nous voulons nous flater

que c'est nous qui les quit-
tons.

CCIV.

Il y a des recheutes dans les
maladies de l'ame comme dans
celles du corps, ce que nous
prenons pour noftre guerifon
n'eft le plus fouuent qu'vn re-
lâche ou vn changement de
mal.

CCV.

Les deffauts de l'ame font
comme les bleffures du corps,
quelque foin qu'on prenne de
les guerir la cicatrice paroift
toûjours, & elles font à tout
moment en danger de fe r'ou-
urir.

CCVI.

Ce qui nous empefche fou-
uent de nous abandonner à vn
feul vice, eft que nous en auons
plufieurs.

CCVII.

Quand il n'y a que nous
qui fçauons nos crimes, ils
font bientoft oubliez.

CCVIII.

Ceux qui font incapables de
commettre de grands crimes,
n'en foupçonnent pas facilement les autres.

CCIX.

Il y a des gens, de qui l'on peut ne iamais croire de mal sans l'auoir vû ; mais il n'y en a point en qui il nous doiue surprendre en le voyant.

CCX.

Le desir de paroistre habile empesche souuent de le deuenir.

CCXI.

La vertu n'iroit pas loing, si la vanité ne luy tenoit compagnie.

CCXII.

Celuy qui croit pouuoir trouuer en foy-mefme dequoy fe
paffer de tout le monde, fe
trompe fort ; mais celuy qui
croit qu'on ne peut fe paffer
de luy, fe trompe encore dauantage.

CCXIII.

La pompe des enterremens
regarde plus la vanité des
viuans que l'honneur des
morts.

CCXIV.

Les faux honneftes gens
font ceux qui déguifent la
coruption de leur cœur aux

autres & à eux mesmes ; les
vrais honneftes gens font ceux
qui la connoiffent parfaitement , & la confeffent aux
autres.

CCXV.

Le vray honnefte homme,
eft celuy qui ne fe pique de
rien.

CCXVI.

La feuerité des femmes eft
vn ajuftement & vn fard
qu'elles ajoûtent à leur beauté , c'eft vn atraict fin & delicat , & vne douceur degui-
fée.

CCXVII.

L'honnesteté des femmes est l'amour de leur reputation & de leur repos.

CCXVIII.

C'est estre veritablement honneste homme, que de vouloir estre toûjours exposé à la veuë des honnestes gens.

CCXIX.

La folie nous suit dans tous les temps de la vie ; si quelqu'vn paroist sage, c'est seulement parce que ses folies sont proportionnées à son âge & à sa fortune.

CCXX.

Il y a des gens niais qui
fe connoiffent, & qui em-
ployent habilement leur niai-
ferie.

CCXXI.

Qui vit fans folie, n'eft pas
fi fage qu'il croit.

CCXXII.

En vieilliffant on deuient
plus fou, & plus fage.

CCXXIII.

Il y a des gens qui reffem-
blent aux vaudeuilles, que
tout le monde chante vn certain

tain temps, quelques fades &
dégoutans qu'ils foient.

CCXXIV.

La plufpart des gens ne
voyent dans les hommes que
la vogue qu'ils ont, ou bien le
merite de leur fortune.

CCXXV.

Quelque incertitude & quelque varieté qui paroiffe dans
e monde , on y remarque
neantmoins vn certain en-
haifnement fecret, & vn or-
re reglé de tout temps par la
Prouidence, qui fait que chaque chofe marche en fon rang,
& fuit le cours de fa deftinée.

E

CCXXVI.

L'amour de la gloire , &
plus encore la crainte de la
honte , le deſſein de faire fortune , le deſir de rendre noſtre vie commode , & agrea-
ble , & l'enuie d'abaiſſer les
autres , font naiſtre cette valeur qui eſt ſi celebre parmy les
hommes.

CCXXVII.

La valeur dans les ſimples
ſoldats eſt vn meſtier perilleux,
qu'ils ont pris pour gaigner leur
vie.

CCXXVIII.

La parfaite valeur & la pol-

tronnerie complete, font deux
extremitez où on arriue rare-
ment : l'efpace qui eft entre
deux eft vafte, & contient toutes les autres efpeces de courage ; il n'y a pas moins de difference entr'elles qu'il y en a
entre les vifages & les humeurs,
cepédant elles conuiennent en
beaucoup de chofes ; Il y a des
hommes qui s'expofent volontiers au commencement d'vne
action, & qui fe relafchent & fe
rebutent aifement par fa durée ;
Il y en a qui font aflez contens,
quand ils ont fatisfait à l'honneur du monde, & qui font
fort peu de chofes au delà ; on
en voit qui ne font pas toufiours
également maiftres de leur
peur, d'autres fe laiflent quelquefois entraifner à des efpou-
uantes generales, d'autres vont

E ij

à la charge pour n'ofer demeurer dans leurs poftes; enfin, il
s'en trouue à qui l'habitude
des moindres perils affermit le
courage, & les prepare à s'ex-
pofer à de plus grands; il y en
a encore qui font braues à coups
d'efpée, qui ne peuuent fouf-
frir les coups de moufquet, &
d'autres y font affeurez qui craignent de fe battre à coups d'efpée. Outre cela, il y a vn raport
general que l'on remarque entre tous les courages de differentes efpeces, dont nous venons de parler, qui eft, que la
nuit augmentant la crainte, &
cachant les bonnes & les mauuaifes actions, leur donne la
liberté de fe ménager. Il y a
encore vn autre mênagement
plus general, qui à parler ab-
folument, s'eftend fur tous

forte d'hommes. C'eft qu'il n'y
en a point qui faffent tout ce
qu'ils feroient capables de faire
dans vne action, s'ils auoient
vne certitude d'en reuenir ; de
forte qu'il eft vifible que la
crainte de la mort ofte quelque chofe à leur valeur, & diminuë fon effet.

CCXXIX.

La pure valeur, (s'il y en
auoit) feroit de faire fans té-
moins, ce qu'on eft capa-
ble de faire deuant le monde.

CCXXX.

L'intrepidité eft vne force
extraordinaire de l'ame, par laquelle elle empefche les trou-
bles, les defordres, & les
émotions, que la veüe des
grands perils a accoûtumé d'ê-

leuer en elle ; par cette force,
les Heros se maintiennent en
vn estat paisible, & conseruent
l'vsage libre de toutes leurs fon-
ctions dans les accidens les plus
terribles., & les plus surpre-
nans.

CCXXXI.

L'intrepidité doit soûtenir
le cœur dans les conjurations,
au lieu que la seule valeur luy
fournit toute la fermeté qui luy
est necessaire dans les perils de
la guerre.

CCXXXI.

Ceux qui voudroient definir
la victoire par sa naissance, seroient tentez comme les Poë-
tes de l'appeller la fille du Ciel,
puis qu'on ne trouue point son
origine sur la terre ; En effet

elle est produite par vne infinité d'actions , qui au lieu de
l'auoir pour but, regardent seulement les interests particuliers
de ceux qui les font ; puis que
tous ceux qui composent vne
armée allant à leur propre gloire & à leur éleuation ; procu-
rent vn bien si grand & si general.

CCXXXIII.

La pluspart des hommes
s'exposent assez dans la guerre
pour sauuer leur honneur ;
mais peu se veulent toûjours
exposer autant qu'il est necessaire pour faire reüssir le dessein
pour lequel ils s'exposent.

CCXXXIV.

La vanité, la honte, & sur tout le temperament, font la valeur des hommes.

CCXXXV.

On ne veut point perdre la vie, & on veut acquerir de la gloire ; de la vient que les braues ont plus d'adresse & d'esprit, pour êuiter la mort, que les gens de chicane pour conseruer leur bien.

CCXXXVI.

On ne peut répondre de son courage, quand on n'a iamais esté dans le peril.

CCXXXVII.

Il eſt de la reconnoiſſance comme de la bonne foy des marchands , elle ſoûtient le commerce, & nous ne payons pas pour la iuſtice qu'il y a de nous aquiter, mais pour trouuer plus facilement des gens qui nous preſtent.

CCXXXVIII.

Tous ceux qui s'acquitent des deuoirs de la reconnoiſſance ne peuuent pas pour cela ſe flatter d'eſtre reconnoiſſans.

CCXXXIX.

Ce qui fait tout le mê-

E v

compte dans la reconnoiſſance
qu'on attend des graces qu'on
a faites ; c'eſt que l'orgueil de
celuy qui donne , & l'orgueil
de celuy qui reçoit , ne peuuent conuenir du prix du bien
fait.

CCXL.

Le trop grand empreſſement
qu'on a de s'acquiter d'vne
obligation, eſt vne eſpece d'in-
gratitude.

CCXLI.

On donne plus ſouuent des
bornes à ſa reconnoiſſance
qu'à ſes deſirs, & à ſes eſperan-
ces.

CCXLII.

L'orgueil ne veut pas deuoir, & l'amour propre ne veut pas payer.

CCXLIII.

Le bien qu'on nous a fait, veut que nous respections le mal que l'on nous fait après.

CCXLIV.

Rien n'est si contagieux que l'exemple, & nous ne faisons jamais de grands biens, ny de grands maux, qui ne produisent infailliblement leurs pareils ; nous imitons les bonnes actions par l'émulation,

E vj

& les mauuaifes par la malignité de noftre nature ; qui
eftant retenuë en prifon par
la honte, eft mife en liberté
par l'exemple.

C.C.X.L.V.

L'imitation eft toûjours mal-
heureufe , & tout ce qui eft
contrefait, déplaift auec les
mefmes chofes qui charment
lors qu'elles font naturel-
les.

C.C.X.L.V.I.

Quelque pretexte que nous
donnions à nos afflictions, ce
n'eft que l'intereft & la vanité
qui les caufent.

CCXLVII.

Il y a vne espece d'hypo-
crisie dans les afflictions ; car
sous pretexte de pleurer la perte d'vne personne qui nous est
chere, nous nous pleurons
nous mesmes ; nous pleurons
la diminution de nostre bien,
de nostre plaisir, de nostre con-
sideration, en la personne que
nous pleurons ; de cette maniere les morts ont l'honneur
des larmes, qui ne coulent
que pour ceux qui les versent:
I'ay dit que c'estoit vne espece
d'hypocrisie, parce que par
elle l'homme se trompe seulement soy mesme ; il y en a vne
autre qui n'est pas si innocente, & qui impose à tout le
monde, c'est l'affliction de

certaines perfonnes qui afpi-
rent à la gloire d'vne belle
& immortelle douleur ; car le
temps qui confume tout, l'ayant
confumée, elles ne laiffent pas
d'opiniaftrer leurs pleurs, leurs
plaintes, & leurs foûpirs ; elles
prennent vn perfonnage lugu-
bre, & trauaillent à perfuader
par toutes leurs actions, qu'elles êgaleront la durée de tous
leurs déplaifirs à leur propre
vie ; cette trifte & fatiguante
vanité, fe trouue d'ordinaire
dans les femmes ambitieufes,
parce que leur fexe leur fer-
mant tous les chemins qui me-
nent à la gloire, elles fe iet-
tent dans celuy-cy, & s'effor-
cent à fe rendre celebres par
la montre d'vne inconfolable
douleur. Il y a encore vne
autre efpece de larmes qui

n'ont que de petites sources,
qui coulent facilement, &
qui s'écoulent auffitost ; on
pleure pour auoir la reputation
d'eftre tendre; on pleure pour
eftre pleint, ou pour eftre
pleuré, & on pleure quelquefois de honte de ne pleürer
pas.

CCXLVIII.

Nous ne regrettons pas la
perte de nos amis felon leur
merite, mais felon nos be-
foins & felon l'opinion que
nous croyons leur auoir donnée
de ce que nous valons.

CCXLIX.

Nous ne fommes pas difici-
les à confoler des difgraces de

nos amis; lors qu'elles feruent
à fignaler la tendreffe que nous
auons pour eux.

C.C.L.

Qui confidérera fuperficiel-
lement tous les effets de la
bonté qui nous fait fortir hors
de nous mefmes, & qui nous
immole continuellement à l'a-
uantage de tout le monde: fera
tenté de croire que lors qu'elle
agit, l'amour propre s'oublie
& s'abandonne luy mefme, ou
ou fe laiffe dépoüiller &
apauurir fans s'en aperceuoir.
De forte qu'il femble que l'a-
mour propre foit la dupe de
la bonté : cependant c'eft le
plus vtile de tous les moyens
dont l'amour propre fe fert
pour arriuer à fes fins ; c'eft

vn chemin dérobé par où il
reuient à luy mefme plus riche & plus abondant, c'eft
vn defintereffement qu'il met
à vne furieufe vfure, c'eft enfin vn reffort delicat, auec
lequel il reünit, il difpofe &
tourne tous les hommes en fa
faueur.

CCLI.

Nul ne merite d'eftre loüé
de bonté s'il n'a la force ; &
la hardieffe d'eftre mêchant,
toute autre bonté n'eft le plus
fouuent qu'vne pareffe, ou
vne impuiffance de la mauuaife
volonté.

CCLII.

Il eft bien mal-aifé de diftin-

guer la bonté generalle &
répandüe fur tout le monde,
de la grande habileté.

CCLIII.

Il n'eft pas fi dangereux de
faire du mal à la plufpart des
hommes, que de leur faire trop
de bien.

CCLIV.

Pour pouuoir eftre toûjours
bon, il faut que les autres
croyent qu'ils ne peuuent iamais nous eftre impunement
méchants.

CCLV.

Rien ne nous plaift tant
que la confiance des Grands,

& des personnes considerables par leurs emplois , par leur esprit , ou par leur merite ; elle nous fait sentir vn plaisir exquis, & êleue merueilleusément nostre orgueil : parce que nous le regardons comme vn effet de nostre fidelité ; cependant nous serions remplis de confusion, si nous considerions l'imperfection & la bassesse de sa naissance, car elle vient de la vanité , de l'enuie de parler, & de l'impuissance de retenir le secret ; de sorte qu'on peut dire que la confiance est comme vn relâchement de l'ame causé par le nombre & par le poids des choses dont elle est pleine.

CCLVI.

La confiance de plaire, eſt
ſouuent vn moyen de déplaire
infailliblement.

CCLVII.

Nous ne croyons pas aiſément
ce qui eſt au delà de ce que
nous voyons.

CCLVIII.

La confiance que l'on a en
ſoy, fait naiſtre la plus grande
partie de celle que l'on a
aux autres.

CCLIX.

Il y a vne reuolution , generale qui change le gouſt des Eſprits, auſſi bien que les fortunes du monde.

CCLX.

La verité eſt le fondement & la raiſon de la perfection, & de la beauté , vne choſe, de quelque nature qu'elle ſoit, ne ſçauroit eſtre belle, & parfaite , ſi elle n'eſt veritablement tout ce qu'elle doit eſtre, & ſi elle n'a tout ce qu'elle doit auoir.

CCLXI.

On peut dire de l'agréement ſeparé de la beauté , que c'eſt

vne fymetrie dont on ne fçait
point les regles, & vn rapport
fecret des traits enfemble, &
des traits auec les couleurs &
auec l'air de la perfonne.

CCLXII.

Il y a de belles chofes qui
ont plus d'efclat quand elles
demeurent imparfaites, que
quand elles font trop acheuées.

CCLXIII.

La coequeterie eft le fonds
& l'humeur de toutes les femmes; mais toutes ne la mettent
pas en pratique, parce que la
coequeterie de quelques-vnes
eft retenuë par leur temperament, & par leur raifon.

CCLXIV.

On incommode toûjours les
autres quand on croit ne
s pouuoir iamais incommo-
er.

CCLXV.

Il y a peu de chofes impoffi-
les d'elles mefmes, & l'apli-
tion pour les faire reüffir
ous manque bien plus que les
oyens.

CCLXVI.

La fouueraine habileté con-
fte à bien connoiftre le prix de
haque chofe.

CCLXVII.

Le plus grand art d'vn habile homme eſt celuy de ſçauoir cacher ſon habileté.

CCLXVIII.

La generoſité eſt vn indu-
ſtrieux employ du deſintereſ-
ſement, pour aller pluſtoſt à vn
plus grand intereſt.

CCLXIX.

La fidelité eſt vne inuention
rare de l'amour propre, par
laquelle l'homme s'erigeant en
depoſitaire des choſes pretieu-
ſes, ſe rend luy meſme infini-
ment pretieux; de tous les tra-
fics de l'amour propre, c'eſt
celuy

celuy où il fait le moins d'auan-
ces, & de plus grands pro-
fits ; c'eft vn rafinement de fa
politique, auec lequel il en-
gage les hommes par leurs
biens, par leur honneur, par
leur liberté, & par leur vie,
qu'ils font forcez de confier en
quelques occafions à éleuer
l'homme fidelle au deffus de
tout le monde.

CCLXX.

La magnanimité méprife tout
pour auoir tout.

CCLXXI.

La magnanimité eft vn noble
effort de l'orgueil, par lequel
il rend l'homme maiftre de
luy mefme, pour le rendre

maiſtre de toutes choſes.

CCLXXII.

Il y a pas moins déloquen ce dans le ton de la voix, qu dans le choix des paroles.

CCLXXIII.

La veritable éloquence con ſiſte à dire tout ce qu'il faut, & à ne dire que ce qu'i faut.

CCLXIV.

Il y a vne éloquence dan les yeux & dans l'air de l perſonne, qui ne perſuade p moins que celle de la parol

CC LXX V.

Il eft auffi ordinaire de voir
changer les goufts, qu'il eft
rare de voir changer les inclinations.

CC LXXVI.

L'intereft donne toutes fortes
de vertus & de vices.

CCLXXVII.

L'humilité n'eft fouuent
qu'vne feinte foumiffion que
nous employons pour foumet-
tre effectiuement tout le monde ; c'eft vn mouuement de
l'orgueil, par lequel il s'abaiffe
deuant les hommes pour s'é-
leuer fur eux, c'eft vn dégui-

sement, & son premier strata-
geme; mais quoy que ses changemens soient presque infinis,
& qu'il soit admirable sous
toute sortes de figures ; il faut
auoüer neantmoins, qu'il n'est
iamais si rare ny si extraordinaire que lors qu'il se cache
sous la forme, & sous l'habit
de l'humilité, car alors on le
voit les yeux baissez, dans
vne contenance modeste &
reposée, toutes ses paroles sont
douces & respectueuses, plei-
nes d'estime pour les autres,
& de dédain pour luy mesme.
Si on l'en veut croire il est in-
digne de tous les honneurs,
il n'est capable d'aucun employ, il ne reçoit les charges
ou on l'éleue que comme vn
effet de la bonté des hommes,
& de la faueur aueugle de la

fortune. C'eſt l'orgueil qui ioüe tous ces ces perſonnages que l'on prend pour l'humilité.

CCLXXVIII.

Tous les ſentimens ont chacun vn ton de voix, vn geſte, & des mines qui leur ſont propres, ce raport bon, ou mauuais fait les bons ou les mauuais Commediens, & c'eſt ce qui fait auſſi que les perſonnes plaiſent, ou d'éplaiſent.

CCLXXIX.

Dans toutes les Profeſſions, & dans tous les Arts, chacun ſe fait vne mine & vn exterieur, qu'il met en la place de

F iij

la chose d'ont il veut auoir le
merite ; de sorte que tout le
monde n'est composé que de
mines, & c'est inutillement que
nous trauaillons à y trouuer
rien de reêl.

CCLXXX.

La grauité est vn mistere du
corps inuenté pour cacher les
defauts de l'esprit.

CCLXXXI.

Il y a des personnes à qui
les defauts sient bien , &
d'autres qui sont disgraciées
auec leurs bonnes qualitez.

CCLXXXII.

Le luxe & la trop grande
politeſſe dans les Eſtats, ſont
le preſage aſſeuré de leur dé-
cadence, parce que tous les particuliers s'attachant à leurs intereſts propres, ils ſe détour-
nent du bien public.

CCLXXXIII.

La ciuilité eſt vne enuie d'en
receuoir, c'eſt auſſi vn deſir d'é-
tre eſtimé poly.

CCLXXIV.

L'education que l'on donne
dordinaire aux ieunes gens, eſt
vn ſecond orgueil qu'on leur
inſpire.

F iiij

CCLXXXV.

Il n'y a point de paſſion où l'amour de ſoy-même regne ſi puiſſamment que dans l'amour, & on eſt tous-jours plus diſpoſé de ſacrifier tout le repos de ce qu'on aime que de perdre la moindre partie du ſien.

CCLXXXVI.

Il n'y a point de liberalité, ce n'eſt que la vanité de donner, que nous aimons mieux que ce que nous donnons

CCLXXXVII.

La pitié eſt vn ſentiment de nos propres maux dans vn ſujet

tranger, c'eſt vne preuoyance
habile des malheurs ou nous
pouuons tomber , qui nous
fait donner du ſecours aux au-
res pour les engager à nous
e rendre dans de ſemblables
ocaſions ; de ſorte que les ſer-
uices que nous rendons à ceux
qui en ont beſoin, ſont à proprement parler des biens an-
ticipez que nous nous faiſons à
nous meſmes.

CCLXXXVIII.

La petiteſſe de l'eprit fait
ſouuent l'opiniaſtreté, & nous
ne croyons pas aiſément ce qui
eſt au de là de ce que nous
voyons.

F v

CCLXXXIX.

On s'est trompé quand on
crû qu'il n'y auoit que les vio
lentes passions comme l'amb
tion, & l'amour qui pusse
triompher des autres ; la pa
resse, toute languissante qu'ell
est, ne laisse pas d'en estr
souuent la maistresse, ell
vsurpe sur tous les desseins &
sur toutes les actions de la vie
elle y détruit, & y consom
me insensiblement toutes le
passions, & toutes les ver
tus.

CCLXXX.

De toutes les passions cell
qui est la plus inconuë à nou
mesmes, c'est la paresse, ell

est la plus ardente & la plus
maligne de toutes, quoy que
sa violence soit insensible, &
que les dommages quelle cause
soient tres - cachez ; si nous
considerons attentiuement son
pouuoir, nous verrons qu'elle
se rend en toutes rencontres
maistresse de nos sentimens,
de nos interests, & de nos plaisirs; c'est la remore qui à la force
d'arrester les plus grands vais-
seaux ; c'est vne bonace plus
dangereuse aux plus importan-
tes affaires que les écueils, &
que les plus grandes tempestes;
le repos de la paresse est vn
charme secret de l'ame qui
suspend soudainement les plus
ardentes pourfuittes, & les plus
opiniastres resolutions ; pour
donner enfin la veritable idée
de cette passion, il faut dire

F.vj.

que la pareſſe eſt comme vne
beatitude de l'ame, qui la conſole de toutes ſes pertes, &
qui luy tient lieu de tous les
biens.

CCLXXXI.

La promptitude auec la-
qu'elle nous croyons le mal
ſans l'auoir aſſez examiné, eſt
vn effet de la pareſſe & de
l'orgueil. On veut trouuer des
coupables & on ne veut pas ſe
donner la peine d'examiner les
crimes.

CCLXXXXII.

Nous recuſons tous les iours
des Iuges pour les plus petits
intereſts, & nous faiſons dé-
pendre noſtre gloire & noſtre

reputation qui font les plus
grands biens du monde , du
jugement des hommes qui
nous font tous contraires, ou
par leur ialoufie , ou par leur
malignité, ou par leur preocu-
pation, ou par leur fottife ; &
c'eft pour obtenir d'eux vn
arreft en noftre faueur , que
nous expofons noftre repos &
noftre vie en cent manieres ,
& que nous la condamnons à
vne infinité de foucis , de pei-
nes, & de trauaux.

CCLXXXXIII.

De plufieurs actions differentes que la Fortune arrange
comme il luy plaift, il s'en fait
plufieurs vertus.

CCLXXXXIV.

L'honneur acquis, est caution
de celuy qu'on doit acquerir.

CCLXXXXV.

La ieuneſſe eſt vne yvreſſe
continuelle, c'eſt la fiévre de
la ſanté, c'eſt la folie de la
raiſon.

CLXXXXVI.

On aime bien à deuiner les
autres, mais l'on n'aime pas à
eſtre deuiné.

CCLXXXXVII.

Il y a des gens qu'on aprou-
ue dans le monde, qui n'ont
pour tout merite que les vices
qui seruent au commerce de la
vie.

CCXXXXVIII.

C'est vne ennuyeuse mala-
die que de conseruer sa sancé
par vn trop grand regime.

CCXXXXIX.

Le bon naturel qui se vante
d'estre tousiours sensible, est
dans la moindre occasion êtou-
fé par l'interest.

CCC.

Il est plus facile de prendre de l'amour quand on n'en a pas, que de s'en deffaire quand on en a.

CCCI.

La pluspart des femmes se rendent plustost par foiblesse, que par passion, de là vient que pour l'ordinaire les hommes entreprenans reussissent mieux que les autres, quoy qu'ils ne soient pas plus aimables.

CCCII.

N'aimer gueres en amour, est vn moyen asseuré pour estre aimé.

CCCII.

L'abfence diminuë les me-
iocres paffions, & augmen-
e les grandes, comme le
ent éteint les bougies & alu-
ae le feu.

CCCIII.

La fincerité que fedemandent
s Amants & les Maiftreffes,
our fçauoir l'vn & l'autre,
uand ils cefferont de s'aymer,
ft bien moins pour vouloir
ftre auertis quand on ne les
ymera plus, que pour eftre
ieux affurez qu'on les ay-
ae, lors que l'on ne dit point
e contraire.

CCCIV.

Les femmes croyent souuen
aymer, quoy qu'elles n'aymen
pas, l'ocupation d'vne intri
gue, l'émotion d'esprit qu
donne la galanterie, la pan
naturelle au plaisir d'estre ay
mées, &. la peine de refus
leur persuade qu'elles ont d
la passion, lors qu'elles n'o
tout au plus que de la coque
terie.

CCCV.

La plus iuste comparaiso
qu'on puisse faire de l'amou
c'est celle de la fiévre, nou
n'auons non plus de pouuoi
sur l'vn que sur l'autre, soit pou
sa violence ou pour sa durée

CCCVI.

Ce qui fait que l'on est
souuent mécontent de ceux
qui negotient : est qu'ils aban-
donnent quasi toûjours l'inte-
est de leurs amis pour l'inte-
est du fonds de la negotiation,
qui deuient le leur, par la gloire
d'auoir reüssi à ce qu'ils auoient
entrepris.

CCCVII.

Le plus souuent quand nous
exagerons la tendresse que nos
amis ont pour nous, c'est
moins par reconnoissance que
par vn desir habile de faire
juger de nostre merite.

CCCVIII.

L'aprobation que l'on donne à ceux qui entrent dans le Monde, est bien souuent vne enuie secrete que l'on a contre ceux qui y sont établis.

CCCIX.

La plus grande habileté des moins habiles, est de se sçauoir soûmetre à la bonne conduite d'autruy.

CCCX.

Il y a des faussetez déguisées qui representent si bien la verité, que ce seroit mal iuger que de ne s'y pas laisser tromper.

CCCXI.

Il n'y a quelquefois pas moins d'habileté à sçauoir profiter d'vn bon conseil qu'on nous donne, qu'à se bien conseiller soy-mesme.

CCCXII.

Il y a de méchans hommes, qui seroient moins dangereux s'ilsn'auoient aucune bonté.

CCCXIII.

La magnanimité est assez definie par son nom, on pourroit dire toutefois que c'est le bon sens de l'orgueil, & la voye la plus nôble pour receuoir des loüanges.

G

CCCXIV.

Il est impossible d'aimer vne seconde fois, ce qu'on a veritablement cessé d'aimer.

CCCXV.

Ce n'est pas la fertilité de l'esprit qui fait trouuer plusieurs expedients sur vne mesme affaire, c'est plustost le defaut de lumiere qui nous fait arrester à tout ce qui se presente à l'imagination, & qui nous empesche de discerner d'abort ce qui nous est propre.

CCCXVI.

Il y a des affaires & des

maladies que les remedes ai-
griffent; & on peut dire que
la grande habileté confifte à
fçauoir connoiftre les temps
où il eft dangereux d'en faire.

APRES auoir parlé de la
fauſſeté de vertus, il eſt
raiſonnable de dire quelque
choſe de la fauſſeté du mépris
de la mort ; i'entens parler de
ce mépris de la mort, que les
Payens ſe vantent de tirer de
leur propres forces ſans l'eſperance d'vne meilleure vie.
Il y a difference entre ſouffrir
la mort conſtamment , & la
mépriſer : Le premier ſentiment eſt aſſez ordinaire , mais
ie croy que l'autre n'eſt iamais
ſincere. On a écrit neantmoins
tout ce qui peut le plus perſuader que la mort n'eſt point
vn mal : & les plus foibles
hommes auſſi bien que les Heros ont donné mille celebres

exemples pour establir cette
opinion. Cependant ie doute
que personne de bon sens en
ait iamais esté veritablement
persuadé : & toute la peine
qu'on se donne pour en venir
à bout, fait assez paroistre que
cette entreprise n'est pas aisée.
On a mille sujets de mépriser la vie, mais on n'en peut
auoir de mépriser la mort ; ceux
mesmes qui se la donnent vo-
lontairement ne la content pas
pour si peu de chose : & ils
la rejettent & s'en estonnent
comme les autres, lors qu'elle
vient à eux par vne autre voye
que celle qu'ils ont choisie.
L'inegalité que l'on remarque
dans le courage d'vn nombre
infini de vaillans hommes,
vient de ce que la mort se découure à leur imagination, &

y paroiſt plus preſente en vn
temps qu'en vn autre : & ainſ
il arriue, qu'apres auoir mé-
priſé ce qu'ils ne connoiſſoien
pas, ils craignent enfin ce qu'ils
connoiſſent. Il faut éuiter de
la voir auec toutes ſes circon-
ſtances, ſi on ne veut pas
croire qu'elle ſoit le plus grand
de tous les maux. Les plus
habiles & les plus braues, ſont
ceux qui prennent de plus
honneſtes pretextes pour s'em-
peſcher de la conſiderer : mais
tout homme qui la ſçait voir
telle qu'elle eſt, trouue que
la ceſſation d'eſtre comprend
tout ce qu'il y a d'épouuenta-
ble. La neceſſité inéuitable de
mourir fait toute la conſtance
des Philoſophes, ils croyent
qu'il faut aller de bonne grace
où l'on ne ſe peut empeſche

d'aller; & ne pouuant éterni-
fer leur vie, il n'y a rien qu'ils
ne faſſent pour éterniſer leur
gloire, & pour ſauuer ainſi du
nauffrage ce qui en peut eſtre
garanty. Contentons nous pour
faire bonne mine, de ne nous
pas dire à nous meſmes tout ce
que nous en penſons : & eſpe-
rons plus de noſtre temperament, que des foibles raiſon-
nemens à l'abry deſquels nous
croyons pouuoir approcher de
la mort auec indiference. La
gloire de mourir auec fermeté,
la ſatisfaction d'eſtre regreté
de ſes amis, & de laiſſer vne
belle reputation, l'eſperance
de ne plus ſouffrir de dou-
leurs, & d'eſtre à couuert
des autres miſeres de la vie, &
des caprices de la fortune,
ſont des remedes qu'on ne

doit pas rejetter : Mais on
ne doit pas croire auſſi qu'ils
ſoientinfaillibles. Ils font pour
nous aſſeurer, ce qu'vne ſimple
hayë fait ſouuent à la
guerre , pour couurir ceux
qui doiuent approcher d'vn
lieu d'où l'on tire : quand on
en eſt éloigné, on croit qu'elle peut eſtre d'vn grand ſecours ; mais quand on en eſt
proche, on voit que tout la peut
percer. Nous nous flatons, de
croire que la mort nous paroiſſe
de prés, ce que nous en auons
iugé de loin ; & que nos ſentimens qui ne ſont que foibleſſe , que varieté, & que con-
fuſion, ſoient d'vne trempe aſſez
forte pour ne point ſouffrir
d'alteration par la plus rude de
toutes les épreuues. C'eſt mal
connoiſtre les effets de l'amour

propre , que de croire qu'il
puisse nous ayder à conter pour
rien, ce qui le doit necessaire-
ment détruire : & la raison dans
laquelle on croit trouuer tant
de ressources , n'est que trop
foible en cette rencontre pour
nous persuader ce que nous
voulons. C'est elle qui nous
trahit le plus souuent, & au
lieu de nous inspirer le mépris
de la mort, elle sert à nous dé-
couurir ce qu'elle a d'affreux &
de terrible : tout ce qu'elle peut
faire pour nous , est de nous
conseiller d'en détourner les
yeux,& de les arrester sur d'autres objets. Caton & Brutus en
choisissent d'illustres & d'écla-
tans ; vn Laquais se contenta
dernierement de danser les tri-
cotets sur l'échafaut où il de-
uoit estre roüé. Ainsi bien que
G v

les motifs foient diferens, ils produifent fouuent les mefmes effets. De forte qu'il eft vray de dire, que quelque difproportion qu'il y ait entre les grands hommes & les gens du commun, les vns & les autres ont mille fois receu la mort d'vn même vifage. Mais ça toûjours efté auec cette difference; que c'eft l'amour de la gloire qui ofte aux grands hommes la veuë de la mort, dans le mefpris qu'ils font paroiftre quelquefois pour elle ; & & dans les gens du commun, ce n'eft qu'vn efet de leur peu de lumiere, qui les empefchant de connoiftre toute la grandeur de leur mal , leur laiffe la liberté de fonger à autre chofe.

F I N.

TABLE DES MATIERES
contenuës en ce Liure par
Ordre Alphabetique.

Le Chifre marque les Maximes.

A

EXTRAICT DV PRIVILEGE du Roy.

PAR Grace & Priuilege du Roy, donné à Paris le 14. iour de Ian. uier 1664. Signé par le Roy en son Conseil BERTHAVLT, il est permis à Claude Barbin Marchand Li. braire de nostre bonne Ville de Paris, d'imprimer ou faire imprimer vn Liure intitulé *Reflexions ou Sentences & Maximes Morales*, en tels volumes ou caracteres que bon luy semblera, durant le temps & espace de sept années ; à compter du iour qu'il sera acheué d'imprimer : Et cependant deffences sont faites à tous Imprimeurs, Libraires, & autres personnes, d'imprimer ou contrefaire ledit Liure à peine de trois mil liures d'amende, confiscation des Exemplaires contrefaits, & de tous dépens, dommages & interests, ainsi qu'il est plus au long mentionné esdites Lettres.

Regiſtré ſur le Liure de la Commu-
nauté des Marchands Libraires &
Imprimeurs de cette Ville de Paris le
17. iour de Ianuier 1664. ſuiuant
l'Arreſt de la Cour de Parlement.
E. MARTIN, Scindic.

Acheué d'imprimer le 27. *Octobre*
1664.

Les Exemplaites ont eſté fournis.

www.ingramcontent.com/pod-product-compliance
Lightning Source LLC
Chambersburg PA
CBHW072224270326
41930CB00010B/1987